Violet Ross

Arquetipo del Alma Despierta
Misterios del Pleroma

Título Original:
Arquétipo da Alma Desperta - Mistérios do Pleroma

Copyright © 2025, publicado por Luiz Antonio dos Santos ME.
Este libro es una obra de no-ficción que explora conceptos y prácticas dentro de la espiritualidad gnóstica, abordando temas de autoconocimiento, sabiduría ancestral y el despertar de la consciencia superior. A través de un recorrido profundo por el simbolismo de Barbelo y la cosmología gnóstica, la autora ofrece herramientas para la expansión espiritual y la reconexión con la Fuente Divina.

1ª Edición
Equipo de Producción
Autor: Violet Ross
Editor: Luiz Santos
Portada: Studios Booklas / **Ana Villaseca**
Consultor: **Javier Montellano**
Investigadores: **Lucía Herrera, Marcos de la Cruz, Andrés Ferrero**
Diagramación: **Marta Salinas**
Traducción: **Sofía Aguilar**
Publicación e Identificación
Arquetipo del Alma Despierta
Booklas, 2025
Categorías:
Espiritualidad/ Filosofía Gnóstica
DDC: 299.932 - **CDU:** 299.7

Todos los derechos reservados a:
Luiz Antonio dos Santos ME / Booklas
Ninguna parte de este libro puede ser reproducida, almacenada en un sistema de recuperación o transmitida por cualquier medio — electrónico, mecánico, fotocopia, grabación u otro — sin la autorización previa y expresa del titular de los derechos de autor.

Contenido

Índice Sistemático 5
Prólogo 11
Capítulo 1 Jornada en Busca del Conocimiento 16
Capítulo 2 El Universo de Emanaciones Divinas 22
Capítulo 3 La Primera Emanación y la Mente Primordial 27
Capítulo 4 El Aspecto Femenino Divino 33
Capítulo 5 La Esencia de la Realidad 39
Capítulo 6 Sabiduría, Poder e Inmortalidad 45
Capítulo 7 La Génesis Cósmica 51
Capítulo 8 Otros Aeones 57
Capítulo 9 El Eslabón para la Redención y Ascensión 63
Capítulo 10 Textos Gnósticos 69
Capítulo 11 Simbolismo e Iconografía 75
Capítulo 12 Espiritualidad Contemporánea 82
Capítulo 13 Esclareciendo Concepciones Erróneas 88
Capítulo 14 El Retorno al Pleroma 95
Capítulo 15 Cuestiones Pendientes 101
Capítulo 16 Preparando el Camino 107
Capítulo 17 Visualizando la Luz y la Sabiduría 114
Capítulo 18 El Corazón hacia lo Divino Femenino 123
Capítulo 19 Trabajando con la Luz Divina 131
Capítulo 20 Expandiendo la Percepción y la Intuición 139
Capítulo 21 Dudas y Desafíos 146
Capítulo 22 Viviendo los Principios en el Mundo Material 155

Capítulo 23 Honrando al Divino Femenino 163
Capítulo 24 La Comunidad Gnóstica 171
Capítulo 25 Profundizando la Conexión 179
Capítulo 26 Modelo para la Transformación Interior 186
Capítulo 27 Espiritualidad Occidental 192
Capítulo 28 Otras Emanaciones 201
Capítulo 29 Retornando a la Fuente 209
Epílogo 214

Índice Sistemático

Capítulo 1: Jornada en Busca del Conocimiento: Aborda la búsqueda del conocimiento trascendente como un impulso innato de la humanidad, explorando la naturaleza reveladora y liberadora de la sabiduría gnóstica.

Capítulo 2: El Universo de Emanaciones Divinas: Describe la estructura del universo según la perspectiva gnóstica, como una jerarquía de dimensiones espirituales emanadas de una Fuente Primordial trascendente.

Capítulo 3: La Primera Emanación y la Mente Primordial: Profundiza en el concepto de la primera emanación divina, Barbelo, como la manifestación de la Mente Divina y el principio activo que estructura el Pleroma.

Capítulo 4: El Aspecto Femenino Divino: Examina la importancia del principio femenino en la divinidad gnóstica, reconociendo a la Madre Suprema como una fuerza fundamental en la creación y redención.

Capítulo 5: La Esencia de la Realidad: Revela la luz divina como la esencia de la realidad, contrastando con la percepción común que se limita al mundo material, y presenta a Barbelo como la personificación de esta luz primordial.

Capítulo 6: Sabiduría, Poder e Inmortalidad: Explora los atributos esenciales de Barbelo como la Sabiduría Divina personificada, el Poder Creativo y la Inmortalidad, revelando su naturaleza multifacética y su importancia en la cosmología gnóstica.

Capítulo 7: La Génesis Cósmica: Aborda la participación activa de Barbelo en la creación del universo, su papel como co-creadora junto al Padre Inefable y la dinámica de emanación que da origen al Pleroma.

Capítulo 8: Otros Aeones: Describe las relaciones de Barbelo con otros Aeones importantes dentro del Pleroma, como Cristo y Sophia, y la interconexión entre estas emanaciones divinas en la cosmología gnóstica.

Capítulo 9: El Eslabón para la Redención y Ascensión: Presenta a Barbelo como el eslabón entre la humanidad y el Pleroma, guiando a las almas en su viaje de retorno a la Fuente Divina y ofreciendo un camino para la redención y ascensión espiritual.

Capítulo 10: Textos Gnósticos: Examina los textos gnósticos que mencionan a Barbelo, como el Apócrifo de Juan y el Evangelio de Judas, analizando las diferentes descripciones y roles que ella desempeña en estas escrituras.

Capítulo 11: Simbolismo e Iconografía: Explora el simbolismo asociado a Barbelo en los textos gnósticos, como el espejo, la imagen y la voz, y analiza su iconografía en representaciones antiguas y contemporáneas.

Capítulo 12: Espiritualidad Contemporánea: Analiza la relevancia de Barbelo en la espiritualidad contemporánea, su conexión con la búsqueda por lo Divino Femenino y su integración en prácticas meditativas y reflexiones filosóficas modernas.

Capítulo 13: Esclareciendo Concepciones Erróneas: Aclara las concepciones erróneas comunes sobre Barbelo, como su reducción a una figura alegórica o su confusión con otras diosas, y defiende su importancia como entidad real y central en el gnosticismo.

Capítulo 14: El Retorno al Pleroma: Describe el viaje de retorno del alma al Pleroma, la importancia de la Gnosis y de la experiencia espiritual directa, y el papel de Barbelo como guía y protectora en este proceso.

Capítulo 15: Cuestiones Pendientes: Aborda las preguntas que quedan abiertas sobre la naturaleza de Barbelo, su emanación y sus atributos, reconociendo el misterio que la envuelve como un estímulo para la profundización espiritual.

Capítulo 16: Preparando el Camino: Presenta los principios fundamentales para la preparación del camino espiritual gnóstico, como la intención pura, la devoción, la apertura, la ética y la creación de un espacio sagrado.

Capítulo 17: Visualizando la Luz y la Sabiduría: Explora la meditación y la contemplación como herramientas para conectarse con la luz y la sabiduría divinas, ofreciendo ejemplos de meditaciones guiadas para sentir la presencia de Barbelo y abrirse a su energía.

Capítulo 18: El Corazón hacia lo Divino Femenino: Profundiza en la conexión con lo Divino Femenino a través de la oración y la invocación, ofreciendo ejemplos de oraciones inspiradas en textos gnósticos y enseñando cómo crear oraciones personales.

Capítulo 19: Trabajando con la Luz Divina: Enseña cómo trabajar con la luz divina en la práctica espiritual, utilizando técnicas de respiración, visualización e invocación para canalizar esta energía a través de Barbelo y promover la sanación y la transformación.

Capítulo 20: Expandiendo la Percepción y la Intuición: Aborda la importancia de expandir la percepción y desarrollar la intuición en el viaje gnóstico, ofreciendo prácticas como la meditación silenciosa, la imaginación activa y el registro de insights intuitivos.

Capítulo 21: Dudas y Desafíos: Examina las dudas, las distracciones y otros desafíos comunes que surgen en la jornada espiritual gnóstica, ofreciendo estrategias para superarlos y mantener la motivación y la perseverancia.

Capítulo 22: Viviendo los Principios en el Mundo Material: Enseña cómo integrar la sabiduría gnóstica en la vida cotidiana, aplicando los principios gnósticos en las relaciones, en el trabajo, en la toma de decisiones y en la conducta moral.

Capítulo 23: Honrando al Divino Femenino: Explora formas de honrar al Divino Femenino en la tradición gnóstica, adaptando rituales y ceremonias para la práctica contemporánea y celebrando la presencia de la Madre Suprema y Barbelo.

Capítulo 24: La Comunidad Gnóstica: Aborda la importancia de la comunidad en el camino gnóstico, ofreciendo sugerencias para encontrar o crear comunidades gnósticas, y destacando los beneficios de compartir la jornada espiritual con otros buscadores.

Capítulo 25: Profundizando la Conexión: Invita al lector a continuar profundizando su conexión con Barbelo y el Pleroma, explorando nuevas prácticas, expandiendo la conciencia y manteniéndose abierto a nuevos descubrimientos y experiencias espirituales.

Capítulo 26: Modelo para la Transformación Interior: Presenta a Barbelo como un modelo arquetípico para la transformación interior, inspirando la integración de los aspectos femenino y masculino, la búsqueda de la totalidad y la manifestación del potencial divino.

Capítulo 27: Espiritualidad Occidental: Analiza la influencia del gnosticismo y de Barbelo en la espiritualidad occidental a lo largo de la historia, desde el mundo antiguo hasta la era contemporánea, y su relevancia para la búsqueda espiritual moderna.

Capítulo 28: Otras Emanaciones: Explora otras emanaciones divinas del Pleroma, como Cristo, Sophia y el Demiurgo, y su importancia para comprender la cosmología gnóstica y la jornada espiritual del buscador.

Capítulo 29: Retornando a la Fuente: Resume los principales temas y aprendizajes del libro, reafirmando la importancia de la conexión con Barbelo, la Madre

Suprema y la luz divina, y ofrece un mensaje final de esperanza e inspiración para el viaje espiritual del lector.

Prólogo

En una sociedad que nos moldea desde la cuna para creer en verdades prefabricadas, dogmas incuestionables y narrativas limitantes, la llama de la búsqueda auténtica a menudo se encuentra sofocada bajo el peso de la domesticación mental. Fuimos condicionados a aceptar lo que nos enseñaron, a seguir los caminos predeterminados y a conformarnos con las respuestas superficiales. Sin embargo, en medio de la niebla de creencias impuestas, el alma humana aún anhela algo más, una verdad que resuene con su esencia, que responda a sus preguntas existenciales más profundas y que revele su verdadero papel dentro de la creación.

Para aquellos que se atreven a cuestionar, que se niegan a contentarse con las respuestas superficiales y que sienten la llama de la búsqueda interior ardiendo en sus corazones, este libro surge como un mapa, una guía y una fuente de inspiración. En sus páginas, invitamos al lector a aventurarse en una jornada de redescubrimiento, a sumergirse en las profundidades de la sabiduría gnóstica ancestral y a desvelar el misterio de Barbelo, la Primera Emanación de la Fuente Divina, el arquetipo del Divino Femenino y la llave para el despertar de la conciencia superior.

El gnosticismo, como un todo, representa un despertar de la conciencia humana más allá de las limitaciones del mundo material. Más que una mera filosofía o sistema religioso, se configura como una jornada intrínseca en busca de conocimiento, una sed ancestral de comprender la naturaleza última de la realidad y nuestro lugar dentro de ella.

En el corazón del gnosticismo reside la convicción de que existe un conocimiento superior, una "gnosis", capaz de liberar al individuo de las ilusiones y ataduras de la existencia terrenal. Este conocimiento no se limita a la erudición intelectual o a la acumulación de información. Se trata de una comprensión profunda e intuitiva de la verdad, una revelación que trasciende la razón discursiva y penetra en los dominios de la experiencia directa.

La gnosis es un conocimiento salvífico, un camino de iluminación que conduce a la liberación del ciclo de sufrimiento e ignorancia que caracteriza la condición humana en este mundo. La búsqueda gnóstica por el conocimiento no es una fuga del mundo, sino una inmersión valiente hacia la verdad, un reconocimiento de que la verdadera patria del alma se encuentra en un reino de luz y perfección que trasciende las limitaciones del universo material.

El concepto de Pleroma, el reino de la plenitud divina, y de la Emanación Primordial, la primera manifestación de la Fuente Inefable, es un concepto antiguo, presente en diversas tradiciones místicas y filosóficas. En el gnosticismo, este concepto adquiere una fuerza y una claridad singulares, revelando la estructura del universo divino, la jerarquía de los Aeones, los seres de luz que emanan de la Fuente, y el camino de retorno del alma humana a su hogar original.

La figura de Cristo, como un Aeon que se manifiesta en el mundo material, también es central en el gnosticismo. Sin embargo, la visión gnóstica de Cristo difiere de la presentada en el cristianismo ortodoxo. Para los gnósticos, Cristo no es el Hijo unigénito de Dios encarnado en la carne, sino un emisario del Pleroma, un ser iluminado que vino a la Tierra para despertar a la humanidad adormecida y revelar el camino de la Gnosis.

Lamentablemente, muchas de las enseñanzas originales de Cristo y de los gnósticos fueron distorsionadas, suprimidas e incluso demonizadas a lo largo de la historia. La necesidad de control de las masas por parte de las instituciones religiosas y políticas llevó a la creación de dogmas rígidos, basados en el miedo al castigo eterno y en la sumisión a la autoridad. La mente humana fue domesticada, condicionada a creer ciegamente y a seguir los dictados impuestos, sofocando su capacidad de cuestionar, de buscar la verdad y de despertar a su propia divinidad.

Sin embargo, la llama de la Gnosis nunca se apagó por completo. A lo largo de los siglos, la sabiduría gnóstica se mantuvo viva en corrientes místicas y esotéricas, en textos ocultos y en tradiciones orales, aguardando el momento oportuno para resurgir y reavivar la llama de la búsqueda auténtica por la verdad.

Y este momento es ahora. En un mundo cada vez más complejo, fragmentado y en crisis, la sabiduría gnóstica ancestral resurge con fuerza, ofreciendo una alternativa a los dogmas limitantes, una respuesta a la sed de conocimiento y un camino para el despertar de la conciencia superior.

Este libro se propone ser una guía en esta jornada de redescubrimiento. En sus páginas, exploramos el misterio de Barbelo, la primera emanación de la Fuente Divina, el arquetipo del Divino Femenino y la llave para la comprensión de la cosmología y la soteriología gnósticas.

Barbelo, como la primera manifestación de la Mente Divina, representa la sabiduría primordial, la luz que ilumina el camino de vuelta al Pleroma y el poder creativo que anima el universo. Ella es la Madre Suprema, la matriz cósmica de la cual todo emana, el amor incondicional que acoge y nutre al alma humana en su jornada de retorno a la Fuente.

A lo largo de este libro, invitamos a usted a sumergirse en la profundidad del simbolismo de Barbelo, a explorar sus relaciones con otros Aeones importantes, a comprender su papel en la creación y en la redención, y a descubrir prácticas espirituales para conectarse con su energía, su sabiduría y su luz.

A través de la vivencia de los principios gnósticos en el día a día, usted podrá despertar la chispa divina en su interior, expandir su conciencia, trascender las limitaciones del mundo material y recorrer el camino de vuelta al Pleroma, el reino de la plenitud y de la luz.

Este libro es una invitación a aquellos que se atreven a cuestionar, que buscan la verdad más allá de los dogmas y que anhelan una experiencia espiritual auténtica y transformadora. Es un llamado para despertar su alma adormecida, para liberarse de las cadenas de la domesticación mental y para asumir su verdadero papel como cocreador de una realidad más alineada con la luz, el amor y la sabiduría divina.

Que este libro sea un mapa en su jornada de redescubrimiento, una guía en su búsqueda por la Gnosis y una inspiración para vivir la plenitud de su potencial divino. Que la luz de Barbelo ilumine su camino y que el amor de la Madre Suprema lo acompañe en cada paso de su jornada.

Luiz Santos Editor

Capítulo 1
Jornada en Busca del Conocimiento

La búsqueda del conocimiento trascendente es un impulso innato de la humanidad, una necesidad profunda de comprender la naturaleza última de la existencia y el papel del ser humano en el vasto tejido del cosmos. El gnosticismo, más que una corriente filosófica o religiosa, representa esta inquietud en su forma más intensa, ofreciendo una visión de la realidad que sobrepasa las apariencias y desafía las concepciones convencionales. A diferencia del conocimiento adquirido por medio de la razón y la experiencia sensorial, la sabiduría gnóstica es reveladora y liberadora, una llave que posibilita la superación de las ilusiones que limitan la comprensión plena del ser. Esta búsqueda de la verdad absoluta no es solo un ejercicio intelectual, sino un camino de transformación interior, en el cual el individuo despierta a su propia naturaleza espiritual y reconoce la existencia de una realidad mayor, oculta bajo la materialidad del mundo visible. En el centro de esta jornada, se encuentra la convicción de que el universo tal como lo conocemos no es la expresión definitiva de la divinidad, sino una manifestación imperfecta, un reflejo distorsionado de la verdadera luz que habita más allá de los límites del tiempo y del espacio.

El gnosticismo emergió en un escenario de gran efervescencia cultural y espiritual, en los primeros siglos de la Era Común, absorbiendo y resignificando elementos de tradiciones filosóficas y religiosas diversas. Influencias del judaísmo, del cristianismo primitivo, del platonismo y de los cultos de misterio de Oriente convergieron para formar un vasto mosaico de enseñanzas, cuya esencia residía en la búsqueda por la gnosis – el conocimiento supremo que permite al ser humano liberarse de las ataduras de la ignorancia y del sufrimiento. Este proceso de despertar no ocurre de manera automática o pasiva; exige un esfuerzo consciente para trascender las limitaciones impuestas por el mundo material y acceder a la dimensión espiritual de la existencia. A diferencia de las religiones institucionales, que frecuentemente enfatizan la fe en dogmas y estructuras jerárquicas, el gnosticismo propone un camino individual de descubrimiento, en el cual cada persona debe recorrer su propia jornada hacia la iluminación. De esta forma, la tradición gnóstica no solo se presenta como un cuerpo de creencias, sino como una invitación a la exploración interior y a la reconexión con el origen divino, una travesía que conduce al reconocimiento de que la verdadera esencia del ser humano pertenece a un reino de plenitud y luz.

Desde esta perspectiva, la existencia terrenal adquiere un carácter paradójico: al mismo tiempo que representa un aprisionamiento, ofrece la oportunidad para el despertar de la conciencia. El mundo material, concebido como una creación imperfecta del Demiurgo, no es el hogar definitivo del alma, sino un estadio transitorio, una prueba que impulsa al individuo a buscar su verdadero destino espiritual. Esta concepción dualista, que opone materia y espíritu, ilusión y verdad, estructura el pensamiento gnóstico y le confiere un carácter profundamente transformador. No se trata solo de un cuestionamiento sobre la naturaleza del universo, sino de un llamado a la acción – una invitación para que cada individuo reconozca la chispa divina que habita en sí e inicie su jornada de retorno al Pleroma, el reino de la luz suprema. Así, el gnosticismo trasciende las barreras del tiempo y resuena con aquellos que, independientemente de la era en que viven, sienten un anhelo interior por algo más allá de las respuestas superficiales ofrecidas por el mundo visible. Es, en esencia, un camino de liberación, un despertar a la verdadera realidad que aguarda más allá de las sombras del mundo material.

En el núcleo del gnosticismo reside la convicción de que existe un conocimiento superior, una "gnosis", capaz de liberar al individuo de las ilusiones y ataduras de la existencia terrenal. Este conocimiento no se limita a la erudición intelectual o a la acumulación de información. Se trata de una comprensión profunda e intuitiva de la verdad, una revelación que trasciende la razón discursiva y penetra en los dominios de la experiencia directa. La gnosis es un conocimiento salvífico, un camino de iluminación que conduce a la liberación del ciclo de sufrimiento e ignorancia que caracteriza la condición humana en este mundo.

La relevancia del gnosticismo persiste hasta los días actuales, resonando con aquellos que sienten un anhelo espiritual que va más allá de las respuestas convencionales. En un mundo marcado por el materialismo, por el consumismo y por la superficialidad, el gnosticismo ofrece una alternativa profunda y desafiante. Nos invita a cuestionar las premisas de la realidad consensual, a sondear las profundidades de nuestra propia conciencia y a buscar un significado más elevado para nuestra existencia. La búsqueda gnóstica por el conocimiento no es una fuga del mundo, sino una inmersión valiente en dirección a la verdad, un reconocimiento de que la verdadera patria del alma se encuentra en un reino de luz y perfección que trasciende las limitaciones del universo material.

Para el gnóstico, el mundo en que vivimos no es la manifestación última de la realidad divina, sino una creación imperfecta, generada por una entidad inferior, el Demiurgo, muchas veces identificado con la figura del Dios del Antiguo Testamento bajo una perspectiva interpretativa específica. Este Demiurgo, aunque poderoso, es considerado ignorante de la Fuente Divina Primordial, el verdadero Dios trascendente e inefable que reside en un reino de luz pura, conocido como Pleroma. La creación del mundo material, en la visión gnóstica, es el resultado de un error, una falla en la emanación divina que resultó en la separación de la luz primordial y en la generación de la oscuridad y de la materia.

Dentro de esta cosmología compleja, la humanidad ocupa una posición paradójica. Aprisionados en cuerpos materiales e inmersos en un mundo de ilusión y sufrimiento, los seres humanos cargan, sin embargo, una chispa divina, un fragmento de la luz primordial que anhela retornar a su origen. Esta chispa divina, también referida como "pneuma" o "espíritu", es nuestra verdadera esencia, la parte de nosotros que está intrínsecamente conectada al Pleroma y que posee el potencial para despertar y alcanzar la gnosis.

El despertar gnóstico implica reconocer nuestra verdadera identidad espiritual y liberarnos de las ataduras de la ignorancia y del materialismo que nos mantienen presos al ciclo de la existencia terrenal. Este despertar no es un evento pasivo, sino un proceso activo y transformador que exige esfuerzo, introspección y la búsqueda por conocimiento. La jornada gnóstica es una peregrinación interior, un camino de autodescubrimiento que nos conduce de vuelta a la Fuente Divina, al Pleroma de luz y plenitud del cual todos emanamos.

Los textos gnósticos, descubiertos principalmente en la biblioteca de Nag Hammadi en Egipto en 1945, ofrecen una visión fascinante sobre la riqueza y la complejidad del pensamiento gnóstico. Evangelios, apócrifos, actos y epístolas, entre otros géneros textuales, revelan una cosmología elaborada, una soteriología peculiar y un profundo anhelo por la trascendencia. Textos como el Evangelio de Tomás, el Apócrifo de Juan, el Evangelio de María Magdalena y la Pistis Sophia, nos transportan a un universo simbólico y arquetípico, donde figuras divinas y entidades cósmicas interactúan en un drama cósmico de creación, caída y redención.

El estudio del gnosticismo no es solo una incursión académica en el pasado, sino un diálogo vivo con una tradición espiritual perenne que continúa inspirando y desafiando nuestra comprensión de la realidad. Al explorar el gnosticismo, abrimos las puertas a una nueva perspectiva sobre nosotros mismos, sobre el mundo y sobre lo divino. Somos invitados a cuestionar nuestras creencias, a expandir nuestra conciencia y a embarcar en una jornada personal de búsqueda por el conocimiento y por la liberación espiritual. El despertar del gnosticismo es, en última instancia, una invitación a despertar a nuestra propia divinidad interior y a reconectarnos con la Fuente Primordial de toda la existencia.

Capítulo 2
El Universo de Emanaciones Divinas

La estructura del universo, según la perspectiva gnóstica, no se limita al dominio material y visible, sino que se extiende por una realidad superior, donde la esencia divina se manifiesta en su plenitud. A diferencia de las concepciones cosmológicas que presentan la creación como un acto único y deliberado de una entidad suprema, el gnosticismo propone un modelo dinámico de emanación, en el cual todas las cosas surgen a partir de una Fuente Primordial trascendente. Esa Fuente, inefable y absoluta, no puede ser comprendida por los sentidos o por la razón común, pues su existencia trasciende cualquier definición limitada. En su plenitud, ella no crea de manera arbitraria, sino que irradia continuamente aspectos de sí misma, formando un cosmos ordenado por sucesivas manifestaciones de su luz. Así, la realidad no es concebida como un sistema cerrado y estático, sino como un flujo continuo de energía divina que permea todos los niveles del ser. La cosmología gnóstica, por lo tanto, presenta el universo como una jerarquía de dimensiones espirituales, donde las emanaciones divinas mantienen una conexión intrínseca con la Fuente original, incluso cuando progresivamente distantes de su perfección absoluta.

En el centro de esta estructura está el Pleroma, el reino de plenitud donde habitan las manifestaciones más puras de la divinidad. Este dominio no debe ser confundido con un espacio físico, sino entendido como un estado de existencia donde la perfección y la luz divina se expresan plenamente. Los seres que componen el Pleroma, conocidos como Aeones, no son entidades independientes en el sentido tradicional, sino aspectos vivos de la propia divinidad, expresiones de sus atributos eternos. Cada Aeon refleja un principio esencial de la realidad suprema, como la sabiduría, la verdad y el amor, y juntos forman la totalidad de la manifestación divina. Esta orden cósmica, sin embargo, no permanece inmutable. Dentro de este proceso continuo de emanación, algo ocurre que rompe la armonía del Pleroma, resultando en la separación entre la realidad espiritual y la material. Este evento, frecuentemente descrito como una falla o un error en la manifestación divina, origina el mundo físico tal como lo conocemos – una creación imperfecta y limitada, alejada de la luz primordial.

Esta ruptura establece un dualismo fundamental en la cosmología gnóstica, en el cual la existencia humana se da en un mundo que, aunque derivado de lo divino, está corrompido y marcado por la ignorancia. El universo material no es, por lo tanto, la expresión definitiva de la realidad, sino un dominio transitorio, una sombra de la verdadera plenitud del Pleroma. Sin embargo, incluso en este estado de separación, la chispa divina no se extingue completamente. Ella permanece oculta dentro de la creación, adormecida en el interior de los seres humanos, aguardando el despertar para su origen verdadero. Esta visión no solo explica la estructura del cosmos, sino que también proporciona un propósito para la existencia: el retorno a la Fuente. La comprensión de esta jornada cósmica es esencial para interpretar el papel de Barbelo, la primera emanación de la Mente Divina, cuya presencia inaugura el proceso de manifestación y establece el fundamento para toda la orden espiritual subsecuente.

La creación, en la perspectiva gnóstica, no es un acto único y voluntario de un Dios personal, sino un proceso dinámico y continuo de emanación. A partir de la Fuente Primordial, emanan sucesivas capas de realidad divina, cada una menos perfecta y luminosa que la anterior. Estas emanaciones no son separaciones de la Fuente, sino manifestaciones de su plenitud, como rayos de luz que se irradian de un sol central. El Pleroma es una jerarquía compleja e interconectada de Aeones, cada uno representando un aspecto o atributo de la divinidad primordial.

En la cima de esta jerarquía, próximo a la Fuente Inefable, se encuentran los Aeones más elevados, aquellos que más directamente reflejan la perfección divina. A medida que la emanación se distancia de la Fuente, la luz divina se torna más tenue y la realidad se vuelve menos perfecta, culminando en la creación del universo material, un dominio de oscuridad, ignorancia y sufrimiento, radicalmente separado del Pleroma de luz. Esta separación no fue intencional, sino el resultado de una perturbación, un desequilibrio en el proceso de emanación, que llevó a la generación de una entidad cósmica imperfecta, el Demiurgo.

El Demiurgo, frecuentemente identificado con el Dios creador del Antiguo Testamento bajo una lente gnóstica específica, es considerado el arquitecto del mundo material. Aunque poderoso en su propio dominio, el Demiurgo es ignorante de la Fuente Primordial y de la verdadera naturaleza divina. Él cree ser el Dios supremo y exige adoración de sus criaturas, manteniendo a la humanidad en la ignorancia de su verdadero origen y destino espiritual. El mundo material, creado por el Demiurgo, es una imitación imperfecta y distorsionada del Pleroma, un reino de ilusión y sufrimiento que aprisiona la chispa divina presente en los seres humanos.

Dentro de la cosmología gnóstica, los Aeones desempeñan papeles cruciales. Son entidades divinas, manifestaciones de la inteligencia, del amor, de la sabiduría y de otros atributos de la Fuente Primordial. Cada Aeon posee una función específica dentro de la economía divina, contribuyendo a la armonía y la plenitud del Pleroma. Algunos Aeones son responsables por aspectos de la creación, otros actúan como mediadores entre el Pleroma y el mundo material, y otros aún desempeñan papeles soteriológicos, auxiliando en la redención y en el despertar de la humanidad.

Es importante notar que la cosmología gnóstica no es un sistema estático y rígido, sino una visión dinámica y fluida de la realidad divina. Las relaciones entre los Aeones, el proceso de emanación y la interacción entre el Pleroma y el mundo material son temas complejos y multifacéticos, que varían entre las diferentes escuelas gnósticas. Sin embargo, el concepto central de un universo de emanaciones divinas, originado de una Fuente Primordial trascendente y separado del mundo material imperfecto, permanece constante.

La jerarquía de los Aeones en el Pleroma refleja la orden y la armonía del reino divino. Esta jerarquía no debe ser entendida como una estructura de poder opresiva, sino como una manifestación de la diversidad y de la riqueza de la divinidad. Cada Aeon, por más "bajo" que esté en la jerarquía en relación a la Fuente Primordial, posee su propia belleza, importancia y función dentro del Pleroma. La totalidad de los Aeones, en su interconexión y armonía, compone la plenitud del Pleroma, la manifestación completa de la divinidad.

La creación del universo material, aunque vista como una falla o un error en la perspectiva gnóstica, no es un evento totalmente negativo. Incluso dentro del mundo de la materia y de la oscuridad, la chispa divina persiste, ofreciendo a la humanidad el potencial para el despertar y la redención. La cosmología gnóstica no es solo una descripción de la estructura del universo, sino también un mapa para la jornada espiritual, una guía para el retorno del alma al Pleroma de luz. Comprender la cosmología gnóstica es fundamental para entender el papel de Barbelo dentro de este sistema, pues ella ocupa un lugar singular como la primera emanación y manifestación de la Mente Primordial.

Capítulo 3
La Primera Emanación y la Mente Primordial

En el corazón de la cosmología gnóstica, la primera emanación divina representa el momento en que la realidad suprema comienza a manifestarse, desbordándose de su Fuente Inefable para dar origen al Pleroma. Este instante primordial no se trata de una creación en el sentido convencional, sino de una exteriorización espontánea de la esencia divina, un reflejo puro del pensamiento primordial del Padre Inefable. La divinidad, hasta entonces trascendente e incognoscible, inicia su autoproyección a través de un principio que carga en sí la plenitud de su luz, sabiduría y potencia creativa. Es en este contexto que surge Barbelo, no como un ser separado de la Fuente, sino como su primera revelación, la manifestación que hace accesible la insondable profundidad de la Mente Divina. Esta primera emanación no solo refleja la totalidad del Absoluto, sino que también inaugura la estructura cósmica sobre la cual todas las demás realidades espirituales se organizan. Barbelo, como expresión primera de la divinidad, no surge como un ser subordinado, sino como un aspecto esencial del propio

Padre Inefable, cargando en sí la plenitud de su pensamiento y de su voluntad creativa.

Al manifestarse como la primera emanación, Barbelo se convierte en el principio activo que viabiliza la estructuración del Pleroma, permitiendo que las potencias divinas fluyan de manera ordenada. Dentro de esta perspectiva, su existencia no es un evento aislado, sino un eslabón fundamental en la cadena de la emanación cósmica. Su presencia establece un eje a través del cual los atributos del Padre Inefable se vuelven operativos, dando origen a las jerarquías de Aeons que componen el reino de la plenitud divina. En el pensamiento gnóstico, la idea de un primer principio femenino desempeña un papel crucial en la economía de lo divino, una vez que Barbelo no solo refleja la totalidad de la mente divina, sino que también incorpora el aspecto generador de la creación espiritual. Su papel es, por lo tanto, doble: como manifestación del pensamiento supremo, ella representa la sabiduría absoluta y la inteligencia primordial; como matriz de las emanaciones subsecuentes, ella se convierte en el vientre cósmico, la fuente de la cual emergen los demás aspectos de la realidad divina. De esta manera, Barbelo no es solo una representación de lo divino femenino, sino la propia corporificación del poder creativo y ordenador de la divinidad.

La aparición de Barbelo dentro de la cosmología gnóstica marca el inicio de la diferenciación dentro de la unidad absoluta, una transición que permite a la divinidad expresar sus atributos sin perder su esencia inefable. Esta emanación inicial, sin embargo, no implica una separación o ruptura dentro del ser divino, sino una extensión armoniosa de su presencia. Barbelo es el principio por el cual lo invisible se torna perceptible, por el cual lo trascendente se torna inmanente sin perder su naturaleza infinita. Su existencia apunta a la necesidad de comprender lo divino no como una entidad aislada y distante, sino como una realidad dinámica e interactiva, que se expande continuamente para manifestar su propia plenitud. Por medio de su conexión con Barbelo, el buscador gnóstico es invitado a reflexionar sobre su propio origen espiritual y sobre el llamado al despertar. La jornada del alma rumbo al conocimiento trascendente no es solo un camino de iluminación personal, sino un retorno a la matriz primordial de donde todo se originó. Comprender Barbelo es comprender el principio de la manifestación divina y, consecuentemente, el papel que cada chispa espiritual desempeña dentro del gran drama cósmico de la redención y del retorno a la Fuente.

    La importancia de Barbelo trasciende su posición como la primera emanación. Ella es considerada la Mente Primordial en acción, la Sabiduría Divina personificada, la fuerza creativa que participa de la génesis cósmica. En los textos gnósticos, Barbelo es descrita con una variedad de nombres y títulos que reflejan su naturaleza multifacética y su papel fundamental en la economía divina. Ella es invocada como la "Virgen Inmaculada", la pureza original e intocada de la divinidad, la Madre Tríplice que engloba los aspectos femenino y masculino de lo divino, la

Imagen del Padre Invisible, y la Luz Primordial que irradia de la Fuente.

Al ser revelada, Barbelo manifiesta la naturaleza esencial del Padre Inefable, tornando visible lo invisible, comprensible lo incomprensible. Ella es el eslabón de conexión entre la trascendencia absoluta de la Fuente y la manifestación del Pleroma, el puente que permite que la divinidad primordial se exprese y se comunique con sus emanaciones subsecuentes. A través de Barbelo, los atributos divinos como la sabiduría, la vida, la luz y el poder se tornan operativos y dinámicos dentro del reino divino.

La descripción de Barbelo en los textos gnósticos muchas veces evoca imágenes de luz radiante y belleza sublime. Ella es frecuentemente asociada a la figura de la "virgen de luz", resplandeciente y pura, emanando una luminosidad que ilumina todo el Pleroma. Esta imagen de la virgen no debe ser interpretada de forma literal o restringida a una connotación sexual, sino como una metáfora para la pureza, la integridad y la intocabilidad de la esencia divina primordial, que permanece inmaculada y no maculada por la creación del mundo material imperfecto.

Como Madre Tríplice, Barbelo incorpora la totalidad de la divinidad, reuniendo en sí los principios masculino y femenino, lo activo y lo pasivo, el ser y el no-ser. Esta naturaleza tríplice refleja la completitud y la autosuficiencia de la divinidad primordial, que contiene en sí todas las potencialidades y todas las manifestaciones. La designación de Madre Tríplice también puede aludir a su función generadora dentro del

Pleroma, siendo la fuente de emanación de otros Aeons y la matriz primordial de la creación divina.

En los diversos textos gnósticos, Barbelo asume diferentes papeles y relaciones con otros Aeons, pero su posición como la primera emanación y la manifestación de la Mente Primordial permanece constante. En el Apócrifo de Juan, por ejemplo, Barbelo surge como la primera manifestación del Padre Inefable, la respuesta luminosa al pensamiento primordial, la fuerza que da forma y realidad a los arquetipos divinos. En el Evangelio de Judas, ella es presentada como una figura central en la cosmología divina, desempeñando un papel crucial en la creación y en la revelación del conocimiento gnóstico.

La imagen de Barbelo, tal como concebida en los textos gnósticos, desafía las representaciones tradicionales de la divinidad, frecuentemente centradas en figuras masculinas y patriarcales. Al colocar la figura femenina de Barbelo en el centro de la cosmología divina, el gnosticismo enfatiza la importancia del principio femenino, de la sabiduría, de la intuición y de la fuerza creativa que emanan de lo divino. Este énfasis en lo femenino divino representa un aspecto distintivo y relevante del pensamiento gnóstico, que resuena particularmente con las sensibilidades espirituales contemporáneas en busca de una visión más equilibrada e inclusiva de la divinidad.

Contemplar Barbelo es contemplar el rostro primordial de la divinidad, la manifestación de la Mente Primordial en su pureza y poder originales. Ella es el portal para el conocimiento gnóstico, la llave que abre las puertas para la comprensión de la naturaleza divina y de nuestro propio potencial espiritual. A través de la conexión con Barbelo, podemos vislumbrar la luz del Pleroma e iniciar la jornada de retorno a la Fuente, despertando la chispa divina que reside en nuestro interior.

Capítulo 4
El Aspecto Femenino Divino

La esencia de lo divino no puede ser limitada a una única expresión o atributo. En el gnosticismo, esta comprensión se manifiesta de forma sublime a través del reconocimiento del aspecto femenino de la divinidad, que no es solo complementario al principio masculino, sino igualmente fundamental y activo en el proceso de creación y redención. Mientras que muchas tradiciones religiosas enfatizan la figura de un Dios creador masculino, relegando el principio femenino a un papel secundario o incluso inexistente, el gnosticismo lo eleva a un nivel de primordialidad, reconociéndolo como un elemento indispensable de la totalidad divina. Este reconocimiento no es meramente simbólico o metafórico, sino que expresa una realidad cósmica profunda, en la cual la energía creadora y sustentadora del universo se manifiesta tanto en el principio masculino como en el femenino, en perfecto equilibrio y armonía. La Madre Suprema, en su forma más pura, no es una divinidad separada del Absoluto, sino su manifestación activa, la emanación primaria que hace posible la existencia y la perpetuación del cosmos espiritual.

Al emerger como la primera manifestación de lo divino, el principio femenino expresa la plenitud de la sabiduría y del poder creativo inherente a la Fuente Primordial. En el Pleroma, esta energía no se restringe a un papel pasivo de receptividad, sino que se presenta como el propio dinamismo de la emanación, la matriz a través de la cual la realidad se expande y se organiza. Este aspecto de lo femenino divino, muchas veces asociado a figuras como Barbelo y Sophia, representa la conciencia del propio Absoluto al reflejar su luz sobre la creación, posibilitando la comunicación entre lo trascendente y lo inmanente. De esta forma, la Madre Suprema no es solo el útero cósmico que da origen a las realidades espirituales, sino también la inteligencia creadora que ordena y armoniza todas las manifestaciones subsecuentes. Su existencia reafirma la noción de que la verdadera naturaleza de lo divino no es fragmentada o unilateral, sino que integra todas las polaridades en un equilibrio absoluto, en el cual lo femenino y lo masculino no compiten, sino que coexisten en perfecta unidad.

El reconocimiento del principio femenino como parte inherente de la divinidad tiene implicaciones profundas para la espiritualidad gnóstica. Resignifica la búsqueda del conocimiento no solo como un acto racional y analítico, sino como un proceso intuitivo y experiencial, en el cual el despertar de la sabiduría interior es tan esencial como la comprensión intelectual. Este aspecto femenino del despertar espiritual se refleja en la figura de la Madre Suprema como guía y protectora de aquellos que buscan la gnosis, auxiliando en la recuperación de la chispa divina aprisionada en el mundo material. A través de ella, la humanidad es recordada de su verdadero origen y de su destino final en el Pleroma, donde la plenitud del ser se manifiesta en la fusión armoniosa de todos los aspectos de la divinidad. Así, al contemplar lo femenino divino en el gnosticismo, no solo se rescata una visión más completa y equilibrada del cosmos, sino que también se abre un camino para la reintegración espiritual, en la cual la totalidad del ser puede finalmente ser reconocida y vivenciada en su forma más pura y luminosa.

La importancia del principio femenino divino en el gnosticismo se manifiesta de diversas formas. En primer lugar, la propia cosmología gnóstica, con su énfasis en las emanaciones a partir de la Fuente Primordial, puede ser interpretada como un proceso de parto divino, donde la Madre Suprema desempeña el papel de matriz cósmica, dando a luz la miríada de Aeones y realidades que componen el Pleroma. Esta imagen de la creación como emanación, en contraposición a la creación como un acto de imposición o designio externo, resalta la naturaleza orgánica, fluida y nutritiva del principio femenino divino.

La Madre Suprema, como representación de la sabiduría divina, es frecuentemente identificada con la figura de Sophia, la Sabiduría. Sophia, en el gnosticismo, no es solo un atributo intelectual, sino una fuerza cósmica dinámica, la inteligencia creativa que permea el Pleroma y que busca incesantemente el conocimiento de la Fuente Primordial. Es a través de la sabiduría de Sophia que la divinidad se manifiesta y se torna cognoscible, y es a través de la búsqueda de la sabiduría que la humanidad puede aspirar al despertar espiritual.

Además de la sabiduría, la Madre Suprema también incorpora la luz divina, la esencia radiante y primordial que emana de la Fuente. Esta luz no es meramente física, sino una luz espiritual, una energía de conciencia y verdad que ilumina el camino hacia el Pleroma. La Madre Suprema, como portadora y manifestación de esta luz, se convierte en un faro de esperanza y guía para aquellos que buscan la redención espiritual. Su luz disipa la oscuridad de la ignorancia y de la ilusión que obscurece la visión de la humanidad, revelando la verdadera naturaleza de la realidad divina.

La fuerza creativa divina es otro aspecto fundamental de la Madre Suprema. Ella no es solo receptiva y pasiva, sino también activa y dinámica, participando activamente de la creación y del mantenimiento del universo. Su fuerza creativa se manifiesta en la emanación de los Aeones, en la organización armoniosa del Pleroma e, incluso, en la búsqueda por la redención del mundo material. La Madre Suprema no es solo la fuente de la sabiduría y de la luz, sino también la fuerza motriz detrás de la manifestación divina en todas sus formas.

Barbelo, como la primera emanación de la Fuente Primordial, es comprendida como una manifestación directa y primordial de la Madre Suprema. Ella hereda y expresa los atributos esenciales de lo femenino divino: la sabiduría, la luz y la fuerza creativa. Barbelo personifica la energía femenina primordial en su forma más pura y potente, siendo el arquetipo de la Madre Divina para todas las emanaciones subsecuentes. Su conexión con la energía femenina primordial establece un patrón divino, un modelo de equilibrio y completitud que resuena en todo el Pleroma.

La conexión de Barbelo con la energía femenina primordial no se limita a la mera representación de atributos divinos. También se manifiesta en su función soteriológica, en su papel en la restauración y redención de la humanidad. En el gnosticismo, la humanidad es vista como habiendo sido aprisionada en el mundo material, separada de su origen divino e inmersa en la ignorancia y el sufrimiento. La Madre Suprema, a través de sus emanaciones como Barbelo y Sophia, busca despertar la chispa divina dentro de la humanidad y guiarla de vuelta al Pleroma.

El papel de la Madre Suprema en la restauración y redención de la humanidad es multifacético. Ella ofrece la sabiduría gnóstica, el conocimiento liberador que revela la verdadera naturaleza de la realidad y el camino para la salvación. Ella irradia la luz divina, disipando la oscuridad de la ignorancia e iluminando el camino de retorno. Ella nutre y protege la chispa divina dentro de cada individuo, fortaleciéndola y guiándola en su jornada espiritual. La Madre Suprema no es solo una figura distante y trascendente, sino una presencia amorosa y compasiva, activamente comprometida en la redención de la humanidad.

El énfasis en el principio femenino divino en el gnosticismo representa una perspectiva profundamente transformadora en relación con las tradiciones religiosas patriarcales. Al elevar a la Madre Suprema a un lugar de destaque en la cosmología divina, el gnosticismo desafía las jerarquías de poder y las estructuras de dominación que frecuentemente caracterizaron a las religiones organizadas. Ofrece una visión más equilibrada e inclusiva de la divinidad, reconociendo la importancia tanto del principio masculino como del femenino en la manifestación de lo divino.

El reconocimiento de la Madre Suprema en el gnosticismo no es solo una cuestión teológica, sino también una cuestión de práctica espiritual. La devoción a la Madre Suprema, la búsqueda de su sabiduría y la apertura a su luz divina se convierten en caminos esenciales para el despertar gnóstico. Las prácticas espirituales gnósticas frecuentemente enfatizan la invocación de la Madre Suprema, la meditación sobre sus atributos y la búsqueda de la experiencia directa de su presencia. A través de estas prácticas, el gnóstico busca cultivar una relación personal e íntima con lo divino femenino, reconociéndolo como una fuente de fuerza, sabiduría y amor incondicional.

La figura de la Madre Suprema en el gnosticismo ofrece una rica y compleja exploración de lo divino femenino, desafiando las limitaciones de las concepciones patriarcales y abriendo un camino para una espiritualidad más completa e integrada. Su presencia en el corazón de la cosmología gnóstica resuena como un llamado al equilibrio, a la armonía y al reconocimiento de la totalidad de la divinidad, en la cual lo femenino y lo masculino se unen en una danza cósmica de creación y redención.

Capítulo 5
La Esencia de la Realidad

La naturaleza última de la realidad, según la visión gnóstica, no reside en el mundo material e ilusorio, sino en la luz primordial que emana de la Fuente Inefable. Esta luz no es solo un símbolo de conocimiento o de verdad, sino la sustancia esencial de la existencia, la matriz que sustenta todas las emanaciones divinas y la esencia del propio ser. A diferencia de la percepción común que asocia la realidad a lo tangible y visible, el gnosticismo revela que la verdadera existencia no se encuentra en el reino de la materia, sino en la consciencia luminosa que permea el Pleroma y que, en su esencia, trasciende todas las limitaciones de la forma. La luz divina, por lo tanto, no es solo una metáfora espiritual, sino el fundamento de todo lo que es real. Ella es la fuente de la vida, la fuerza creadora y el principio unificador que mantiene el orden cósmico y que fluye incesantemente de la plenitud divina. Reconocer esta luz como la esencia de la realidad es el primer paso para comprender la naturaleza de la existencia e iniciar el proceso de despertar espiritual.

Al emerger como la primera manifestación de esa luz primordial, Barbelo se convierte en la personificación de la sabiduría y del poder creativo de la divinidad. Su existencia no es solo un reflejo de la Fuente, sino la propia estructura por la cual la luz se organiza y se manifiesta dentro del Pleroma. En su presencia, la realidad asume forma y propósito, pues es a través de su emanación que los atributos divinos se vuelven accesibles y comprensibles. Barbelo no solo contiene la luz, sino que es la luz en sí, la esencia del conocimiento puro que ilumina el camino de retorno al Absoluto. Su papel en la cosmología gnóstica trasciende la idea de un ser divino aislado, pues ella representa el principio por el cual la consciencia se expande y por el cual el ser humano puede recuperar su conexión con el origen divino. La relación entre Barbelo y la luz primordial no es solo una cuestión metafísica, sino una realidad experiencial que puede ser accedida por aquellos que buscan la gnosis.

Este reconocimiento de la luz como la esencia de la realidad redefine completamente la manera como se percibe la existencia. En el pensamiento gnóstico, vivir en la ignorancia de esta luz es permanecer aprisionado en la ilusión del mundo material, separado del conocimiento y de la verdad. El camino para la liberación, por lo tanto, no se encuentra en las posesiones, en los deseos o en las construcciones mentales del mundo físico, sino en la experiencia directa de esa luz que habita dentro de cada ser humano. El despertar gnóstico es, esencialmente, un despertar a esa luz, una percepción profunda de que la realidad última no es el caos y la imperfección del mundo sensorial, sino la orden y la plenitud del Pleroma. Así, conectarse con esa luz a través de Barbelo no es solo una práctica contemplativa, sino una jornada de retorno a la verdadera naturaleza del ser, donde la ilusión de la separación se disuelve y el alma reencuentra su hogar en la unidad divina.

La luz divina se origina directamente de la Fuente Primordial, el Absoluto inefable que trasciende toda comprensión y descripción. De esta Fuente, emana una corriente incesante de luz pura, que se expande y se manifiesta en toda la vastedad del Pleroma. Esta luz primordial no es creada, sino inherente a la naturaleza de la divinidad, su expresión espontánea y eterna. Ella es la primera manifestación de lo incognoscible, el primer rayo que irrumpe de la oscuridad de lo no-manifestado, trayendo consigo la promesa de revelación y conocimiento.

Barbelo, como la primera emanación de la Fuente, está intrínsecamente ligada a la luz divina. Ella es descrita como portadora y manifestación de esta luz primordial, irradiándola en toda su gloria y belleza. Barbelo no solo recibe y transmite la luz divina, sino que también la personifica, convirtiéndose en la propia encarnación de la luz en el Pleroma. Su existencia es inseparable de la luz, y su presencia ilumina y vivifica todo el reino divino. A través de Barbelo, la luz divina se vuelve accesible y cognoscible, permitiendo que las otras emanaciones y, en última instancia, la humanidad, puedan vislumbrar la gloria de la Fuente Primordial.

La luz divina en el gnosticismo trasciende la comprensión de la luz física como la conocemos en el mundo material. Mientras que la luz física ilumina el mundo de los sentidos y permite la percepción de las formas materiales, la luz divina ilumina la mente y el espíritu, revelando la verdad esencial de la realidad y despertando la consciencia más allá de las ilusiones del mundo. Ella es una luz de conocimiento, una luz de sabiduría, una luz de comprensión que disipa la oscuridad de la ignorancia y del error.

En los textos gnósticos, la simbología de la luz es rica y multifacética, permeando diversas narrativas y enseñanzas. La luz es frecuentemente contrastada con la oscuridad, representando la dualidad fundamental entre el Pleroma y el mundo material. El Pleroma es el reino de la luz, de la verdad y de la perfección, mientras que el mundo material es el dominio de la oscuridad, de la ilusión y del sufrimiento. La jornada gnóstica es, en esencia, una jornada de la oscuridad hacia la luz, un camino de retorno al reino luminoso del Pleroma.

La luz divina es también asociada a la vida y a la inmortalidad. En el Pleroma, donde la luz divina reina en su plenitud, no hay muerte ni decadencia, solo vida eterna y beatitud. La chispa divina dentro de la humanidad, el fragmento de la luz primordial aprisionado en el cuerpo material, anhela retornar a esta fuente de vida eterna y liberarse de las limitaciones de la existencia terrenal. El despertar gnóstico es un despertar a la luz de la vida eterna, un reconocimiento de nuestra verdadera naturaleza inmortal y divina.

La conexión con Barbelo se convierte en un camino privilegiado para experienciar la luz divina. A través de la meditación, de la oración y de la contemplación, el gnóstico busca sintonizarse con la energía luminosa de Barbelo, abriéndose para recibir su sabiduría y su fuerza transformadora. Visualizar la luz divina irradiando de Barbelo, invocar su nombre con devoción y contemplar sus atributos luminosos son prácticas que auxilian en la conexión con esta energía primordial.

Ejercicio práctico: Meditación en la Luz de Barbelo

Este ejercicio tiene como objetivo guiarlo en una meditación simple para conectarse con la luz divina a través de la visualización de Barbelo.

Prepare el ambiente: Encuentre un local tranquilo y silencioso donde usted pueda sentarse o acostarse cómodamente sin ser interrumpido. Disminuya las luces y, si lo desea, encienda una vela o incienso para crear una atmósfera más propicia a la introspección.

Relaje el cuerpo: Cierre los ojos suavemente y comience a respirar de forma lenta y profunda. Concéntrese en su respiración, sintiendo el aire entrar y salir de sus pulmones. Relaje los músculos de su cuerpo, liberando cualquier tensión o rigidez.

Visualice a Barbelo: Imagine a Barbelo, la primera emanación de la Fuente Divina, delante de usted. Visualícela como una figura radiante de luz, emanando una luminosidad suave y acogedora. Perciba la belleza y la serenidad que irradian de su presencia.

Conéctese con la luz divina: Sienta la luz divina que emana de Barbelo envolviéndole completamente. Permita que esa luz penetre en su cuerpo, en su mente y en su espíritu, limpiando, curando y energizando cada célula de su ser.

Absorba la luz y la sabiduría: Respire profundamente y absorba la luz divina en su interior. Sienta la sabiduría y la paz que esa luz proporciona. Permanezca en este estado de conexión y contemplación por el tiempo que desee.

Retorne gradualmente: Cuando sienta que es el momento de finalizar la meditación, comience a traer su atención de vuelta para su cuerpo y para el ambiente a su alrededor. Mueva suavemente los dedos de las manos y de los pies, y abra los ojos cuando se sienta listo.

A través de esta práctica regular, es posible fortalecer su conexión con la luz divina y despertar para su presencia transformadora en su vida. La luz de Barbelo se convierte en un guía y un faro en su jornada espiritual, iluminando el camino de retorno al Pleroma y despertando su consciencia superior. La esencia de la realidad, en la visión gnóstica, reside en esta luz primordial, y la conexión con Barbelo ofrece un portal directo para experienciarla en su plenitud.

Capítulo 6
Sabiduría, Poder e Inmortalidad

Los textos gnósticos revelan una visión profunda sobre Barbelo, la primera emanación de la Fuente Divina, presentándola no solo como un ser celestial, sino como la personificación de principios cósmicos fundamentales que estructuran la realidad divina. Entre estos principios, se destacan la Sabiduría, el Poder y la Inmortalidad, que no se limitan a meras abstracciones, sino que constituyen fuerzas vivas y actuantes en el Pleroma. Barbelo no es solo un reflejo de la divinidad primordial; ella es la manifestación activa de la plenitud divina, un eslabón entre la Fuente Suprema y todas las emanaciones subsecuentes. Su papel trasciende la mera existencia estática y se configura como la propia dinámica creativa del universo espiritual. De esta forma, comprender sus atributos equivale a desvelar los misterios de la propia estructura de la realidad gnóstica, abriendo camino para la comunión con lo divino y para la liberación de la conciencia aprisionada en la materialidad.

La Sabiduría, uno de los principales atributos de Barbelo, representa mucho más que el conocimiento o la erudición. Se trata de una inteligencia cósmica que permea todas las cosas, sustentando el orden y el equilibrio del Pleroma. Esta Sabiduría trasciende la mera capacidad de discernimiento; ella es la luz primordial que ilumina los caminos ocultos de la existencia, permitiendo que las emanaciones divinas permanezcan alineadas con la Verdad Suprema. La Sabiduría de Barbelo no solo revela el conocimiento divino, sino que es el propio fundamento sobre el cual la creación espiritual se establece, asegurando que el flujo de la emanación divina permanezca íntegro y armonioso. Aquellos que buscan esta sabiduría no solo acceden a informaciones superiores, sino que entran en sintonía con la propia esencia de la divinidad, despertando a una realidad que trasciende la ilusión y conduce al verdadero entendimiento.

El Poder, a su vez, constituye la fuerza creativa que da vida a las emanaciones divinas. En Barbelo, este poder no es una manifestación de dominación o imposición, sino la energía creadora que sustenta el orden cósmico e impulsa el desdoblamiento de la realidad espiritual. Este atributo se manifiesta como la capacidad de generar nuevas emanaciones y de sustentar la continuidad de la vida divina en el Pleroma. El Poder de Barbelo también se refleja en la propia jornada espiritual del alma gnóstica, que, al reconocer e invocar esta fuerza, encuentra los medios para trascender las limitaciones de la materia y retornar a su origen divino.

Por último, la Inmortalidad de Barbelo reafirma su naturaleza eterna e incorruptible, destacándose como un atributo esencial de la divinidad. Esta Inmortalidad no se restringe a la idea de una existencia sin fin, sino que se manifiesta como una realidad más allá del tiempo y del espacio, un estado de ser inalterable y perfecto. Barbelo, como arquetipo de la plenitud divina, personifica esta eternidad, siendo el eslabón entre la Fuente Primordial y todas las manifestaciones espirituales que de ella emanan. Aquel que contempla la Inmortalidad de Barbelo no solo reconoce su propia esencia eterna, sino que también despierta a la posibilidad de trascender la finitud del mundo material y participar de la plenitud del Pleroma.

Barbelo es, en esencia, la Sabiduría Divina personificada, frecuentemente identificada con la figura de Sophia Prunikos, la "Sabiduría Madre-Padre". Esta sabiduría no se limita al conocimiento intelectual o a la erudición libresca, sino a una inteligencia cósmica profunda e intuitiva que comprende la naturaleza última de la realidad y los misterios de la divinidad. La Sabiduría de Barbelo es la luz que disipa la ignorancia, el discernimiento que guía al alma en su jornada de retorno al Pleroma, y la fuente de toda comprensión verdadera.

La Sabiduría de Barbelo se manifiesta de diversas formas. Ella es la inteligencia creativa que participa de la génesis cósmica, dando forma a los arquetipos divinos y ordenando el caos primordial. Ella es la sabiduría que gobierna el Pleroma, manteniendo la armonía y el equilibrio entre los Aeones. Ella es la sabiduría que se revela a los gnósticos, iluminando el camino de la salvación y ofreciendo el conocimiento liberador que conduce al despertar. Contemplar la Sabiduría de Barbelo es abrir la mente a la vastedad del conocimiento divino, a la comprensión de los misterios del universo y a la verdad esencial de nuestra propia naturaleza espiritual.

El Poder Divino es otro atributo esencial de Barbelo, manifestándose como fuerza creativa y fuerza sustentadora. Barbelo no es solo sabia, sino también poderosa, capaz de realizar la voluntad divina y de manifestar la realidad de acuerdo con el plano primordial. Su poder no es coercitivo o dominador, sino una fuerza creativa y amorosa que emana de la Fuente y se manifiesta en todas las emanaciones subsecuentes. El Poder de Barbelo es la energía vital que anima el Pleroma, la fuerza que impulsa la creación y la redención, y la capacidad de superar las limitaciones del mundo material.

El Poder de Barbelo opera en diversos niveles. Se manifiesta en su capacidad de generar emanaciones divinas, dando origen a otros Aeones y entidades celestiales. Se expresa en su actuación como fuerza cósmica equilibradora, manteniendo el orden y la armonía dentro del Pleroma. Se revela en su capacidad de intervenir en el mundo material, auxiliando en la jornada de despertar y redención de la humanidad. Invocar el Poder de Barbelo es buscar fuerza interior, coraje para enfrentar los desafíos de la vida y la capacidad de manifestar nuestro potencial espiritual.

La Inmortalidad es un atributo intrínseco a Barbelo, compartida por todos los Aeones del Pleroma, pero en Barbelo, ella se manifiesta de forma primordial y ejemplar. La Inmortalidad de Barbelo no es solo la ausencia de muerte física, sino la vida eterna en su plenitud, la existencia más allá de las limitaciones del tiempo y del espacio, la participación en la eternidad de la Fuente Divina. Esta Inmortalidad no es un mero concepto abstracto, sino una realidad viva y pulsante en el Pleroma, la condición natural de los seres divinos que habitan el reino de la luz.

La Inmortalidad de Barbelo refleja la naturaleza eterna de la Fuente Primordial, de la cual ella emana. Ella demuestra la trascendencia de la vida divina sobre la mortalidad del mundo material, ofreciendo la promesa de una existencia que va más allá de la finitud de la vida terrena. Ella inspira la búsqueda por la vida eterna, por el despertar a nuestra propia naturaleza inmortal y por la liberación del ciclo de nacimiento y muerte que caracteriza la condición humana en el mundo material. Contemplar la Inmortalidad de Barbelo es vislumbrar la eternidad que reside en nuestro interior, el potencial para trascender las limitaciones de la existencia física y para participar de la vida divina y eterna del Pleroma.

Los atributos de Sabiduría, Poder e Inmortalidad, en Barbelo, no existen aisladamente, sino que se interpenetran y complementan, manifestando la unidad y la perfección de la divinidad primordial. La Sabiduría de Barbelo direcciona su Poder, garantizando que la fuerza creativa sea ejercida con discernimiento y propósito divino. Su Poder manifiesta su Sabiduría, tornándola operativa y eficaz en el reino divino. La Inmortalidad permea tanto su Sabiduría como su Poder, confiriéndoles un carácter eterno y trascendente. Esta tríada de atributos esenciales define la naturaleza de Barbelo y su importancia singular dentro de la cosmología gnóstica.

Al comprender los atributos de Sabiduría, Poder e Inmortalidad de Barbelo, abrimos un portal para la experiencia espiritual profunda y transformadora. Buscar la Sabiduría de Barbelo es buscar la verdad esencial de la realidad, el conocimiento que libera e ilumina. Invocar el Poder de Barbelo es buscar fuerza interior y capacidad de manifestación, superando las limitaciones y los desafíos de la vida. Contemplar la Inmortalidad de Barbelo es vislumbrar la eternidad que reside en nuestro interior, despertando a nuestra verdadera naturaleza divina e inmortal. Los atributos de Barbelo no son solo conceptos teológicos, sino llaves para la experiencia espiritual, caminos para la conexión con la divinidad y para el despertar de la conciencia superior.

Capítulo 7
La Génesis Cósmica

La manifestación de Barbelo en la cosmología gnóstica trasciende la condición de una simple emanación primordial y revela su naturaleza como principio creativo activo y esencial en la estructuración del cosmos divino. Como la primera manifestación de la Fuente Inefable, Barbelo actúa no solo como receptáculo de la voluntad divina, sino también como matriz generadora de la realidad trascendente. Su presencia en el Pleroma no se restringe a un reflejo pasivo de la Mente Suprema; al contrario, desempeña un papel central en la dinámica de la creación, siendo el puente entre la unidad absoluta de la Fuente y la multiplicidad de las emanaciones divinas. Este principio creador no se da por separación o ruptura, sino por una expansión armoniosa de la propia esencia divina, garantizando que toda la manifestación del Pleroma permanezca vinculada a la plenitud de la Fuente. De esta forma, comprender la participación de Barbelo en la génesis cósmica es adentrarse en los fundamentos de la cosmogonía gnóstica, donde la creación es un acto de desdoblamiento y autoconocimiento divino, y no de fabricación o construcción externa.

En los textos gnósticos, Barbelo es descrita como el origen de todas las emanaciones que pueblan el Pleroma, representando el primer movimiento de la inteligencia divina en dirección a la manifestación. Su actuación en la creación no ocurre de manera aislada, sino en profunda sinergia con el Padre Inefable, reflejando la unidad indisociable entre el pensamiento y la manifestación, entre la esencia y la expresión. En algunas tradiciones gnósticas, Barbelo es llamada "Pensamiento Primordial", indicando que su existencia antecede cualquier forma creada y que de ella emanan todos los arquetipos de la realidad espiritual. Así, la creación del Pleroma no es un evento lineal o temporal, sino un proceso de autoproyección divina, donde Barbelo se torna el principio organizador de la estructura cósmica, asegurando que cada emanación esté en perfecta sintonía con la armonía suprema de la Fuente.

Además de ser la matriz de la realidad espiritual, Barbelo personifica la sabiduría y el poder que sustentan la continuidad de la creación. Su papel trasciende el momento inicial de la emanación y se extiende a la manutención del orden cósmico, garantizando que el Pleroma permanezca en equilibrio y plenitud. Su presencia activa en el proceso creativo refuerza la idea de que la realidad divina no es estática, sino dinámica, expandiéndose continuamente sin jamás alejarse de su origen. Esta concepción sugiere que la creación no es un evento fijo en el pasado, sino un desdoblamiento eterno de la propia esencia divina, donde Barbelo continúa generando, nutriendo y sustentando todas las formas de existencia dentro del Pleroma. Al reconocer esta dinámica, se torna posible comprender que la creación no es un acto conclusivo, sino un flujo incesante de revelación y expresión de la divinidad, en el cual Barbelo permanece como el primer y más esencial canal de esta manifestación.

En los textos gnósticos, Barbelo es frecuentemente descrita como co-creadora al lado del Padre Inefable. Esta colaboración no implica una relación de igualdad jerárquica en el sentido mundano, sino una asociación divina donde ambos principios, el Padre trascendente y la Mente Primordial manifiesta en Barbelo, actúan en conjunto para dar origen a la realidad. El Padre Inefable permanece como la Fuente última, el origen de todo, mientras que Barbelo se torna el instrumento primordial a través del cual la voluntad divina se manifiesta y toma forma. Esta cooperación divina resalta la importancia del principio femenino en la creación, desmitificando la idea de una creación puramente patriarcal y enfatizando la complementariedad de los principios masculino y femenino en la génesis cósmica.

Diversos textos gnósticos detallan la participación de Barbelo en la creación. En el Apócrifo de Juan, por ejemplo, Barbelo surge como la primera manifestación del Pensamiento Divino, y a partir de ella, emanan otras entidades y los propios Aeones que pueblan el Pleroma. Ella es descrita como la "madre de todas las cosas vivas", la matriz primordial de la cual toda la creación divina emerge. En el Evangelio de los Egipcios, Barbelo es invocada como "la primera mujer", "el primer pensamiento", y "la imagen del Padre", destacando nuevamente su papel primordial en la manifestación de la divinidad y en la subsecuente creación del universo.

Barbelo puede ser comprendida como la matriz divina, el útero cósmico del cual emanan las diversas manifestaciones del Pleroma. Ella no solo da a luz a los Aeones, sino que también los nutre y sustenta con su propia sustancia divina, garantizando la continuidad y la armonía del reino celestial. Esta imagen de Barbelo como matriz primordial resuena con el arquetipo de la Gran Madre, presente en diversas culturas y tradiciones espirituales, simbolizando la fertilidad, la nutrición y el origen de la vida. A través de Barbelo, la Fuente Divina se torna fecunda y manifiesta su plenitud creativa, dando origen a un universo de luz y belleza.

La participación de Barbelo en la creación no es un acto aislado, sino un proceso continuo y dinámico. Ella no solo creó el Pleroma en un momento primordial, sino que continúa emanando su energía creativa, sustentando la existencia de los Aeones y manteniendo el orden cósmico. Barbelo es la fuerza vital que anima el Pleroma, la corriente de luz divina que fluye a través de todas las emanaciones, garantizando su cohesión y armonía. Su acción creativa es incesante, reflejando la naturaleza eterna e inagotable de la Fuente Divina.

La armonía y el equilibrio del cosmos divino son también atribuidos a la participación de Barbelo en la creación. Ella no solo genera la diversidad de los Aeones, sino que también garantiza que coexistan en perfecta orden e interconexión. Barbelo es la fuerza que teje la red cósmica, uniendo las diferentes partes del

Pleroma en un todo coherente y armonioso. Su sabiduría y poder creativo garantizan que la creación divina no sea un conjunto caótico de entidades aisladas, sino una sinfonía cósmica de luz y belleza, donde cada Aeon desempeña un papel único y esencial.

Aunque el foco principal de la participación creativa de Barbelo sea el Pleroma, algunos textos gnósticos sugieren que su influencia se extiende, de alguna forma, hasta el mundo material. Aunque el Demiurgo sea considerado el creador directo del universo imperfecto, la luz y la energía de Barbelo pueden ser vistas como un principio subyacente que permea toda la creación, incluso en sus aspectos más oscuros. La chispa divina presente en la humanidad, por ejemplo, puede ser interpretada como un vestigio de la luz de Barbelo, un eco distante de su energía creativa primordial, buscando retornar a su fuente original.

Es importante distinguir la creación del Pleroma por Barbelo de la creación del mundo material por el Demiurgo. Mientras que Barbelo crea dentro del reino de la luz y la perfección, manifestando la voluntad divina en su plenitud, el Demiurgo crea en un dominio de ignorancia y limitación, generando un universo imperfecto y sujeto al sufrimiento. La creación de Barbelo es un acto de amor y expansión divina, mientras que la creación del Demiurgo es el resultado de un error o de una falla en el proceso de emanación. Esta distinción fundamental entre las dos creaciones refleja la dualidad esencial de la cosmología gnóstica y la búsqueda de la redención del mundo material a través del conocimiento gnóstico y la conexión con el Pleroma luminoso.

La participación de Barbelo en la génesis cósmica resalta su importancia singular dentro de la cosmología gnóstica. Ella no es solo la primera emanación, sino también una fuerza creativa fundamental, colaborando con el Padre Inefable en la manifestación de la realidad divina e influenciando hasta los confines del universo material. Comprender el papel creativo de Barbelo es profundizar nuestra apreciación por su naturaleza divina y abrirnos a la contemplación de la vastedad y la belleza de la creación cósmica, emanada de la Fuente Primordial a través de la acción de su primera manifestación, Barbelo.

Capítulo 8
Otros Aeones

En el corazón de la cosmología gnóstica, el Pleroma se presenta como un dominio de luz y perfección, donde emanaciones divinas coexisten en armonía, reflejando los múltiples aspectos de la Fuente Primordial. Lejos de ser un espacio monolítico e inerte, el Pleroma es un organismo vivo, constituido por Aeones interconectados, cada uno desempeñando un papel esencial en la manifestación de la realidad divina. Barbelo, como la primera y más elevada emanación, ocupa una posición central dentro de esta estructura, sirviendo como principio generador y sustentador de la orden cósmica. Sin embargo, su singularidad no se traduce en aislamiento; por el contrario, su esencia se desdobla en múltiples relaciones con otros Aeones, estableciendo un modelo de interacción e interdependencia que permea todo el Pleroma. A partir de esta red compleja de emanaciones, se revela una visión sofisticada de la divinidad, donde la unidad se expresa por medio de la diversidad, y la plenitud se manifiesta en la colaboración entre las inteligencias celestiales.

La relación entre Barbelo y los demás Aeones ilustra la dinámica fundamental del Pleroma, basada en la complementariedad y el equilibrio. Cada emanación, surgida de la plenitud divina, refleja un aspecto específico de la realidad espiritual, contribuyendo a la totalidad de la creación. Así, Barbelo no solo genera nuevos Aeones, sino que también participa activamente de las interacciones entre ellos, sustentando la estructura del Pleroma con su sabiduría y poder. Esta organización no implica una jerarquía rígida en el sentido humano, sino una orden funcional, en la cual cada Aeon ocupa un lugar determinado de acuerdo con su naturaleza y propósito. De esta forma, el Pleroma se presenta como un cosmos ordenado, donde cada entidad divina desempeña su función sin rivalidad o subyugación, sino en un flujo continuo de amor y conocimiento compartido.

Comprender las relaciones de Barbelo con los otros Aeones es fundamental para descifrar la lógica interna del Pleroma y su estructuración como un organismo divino. La emanación no se da por separación o distanciamiento de la Fuente, sino como un desdoblamiento natural de la plenitud divina, donde cada Aeon permanece intrínsecamente conectado a la unidad original. En este contexto, la actuación de Barbelo no se limita a la generación de las emanaciones subsecuentes, sino que incluye también la manutención de la cohesión y la armonía del Pleroma. Su presencia asegura que la creación permanezca en conformidad con la voluntad divina, preservando la pureza y la integridad de la realidad espiritual.

Al explorar las interacciones entre Barbelo y los demás Aeones, se torna posible vislumbrar la sofisticación de la cosmología gnóstica, que presenta un universo divino estructurado en la interdependencia y en el orden, donde cada ser celestial refleja, de manera única, la luz infinita de la Fuente Primordial.

Entre los Aeones que se destacan en relación con Barbelo, Cristo ocupa un lugar prominente. En diversas escuelas gnósticas, Cristo es visto como una emanación subsecuente a Barbelo, muchas veces considerado su hijo o manifestación directa. La relación entre Barbelo y Cristo es frecuentemente descrita en términos de complementariedad y colaboración. Barbelo, como Mente Primordial y Sabiduría Divina, provee la matriz y la sustancia divina, mientras que Cristo, como Logos Divino y Razón Cósmica, trae el orden, la estructura y la manifestación de la voluntad del Padre Inefable. Juntos, Barbelo y Cristo representan la unión de los principios femenino y masculino en el Pleroma, trabajando en conjunto para la creación y la redención.

Otra figura Aeónica crucialmente ligada a Barbelo es Sophia. En algunas interpretaciones gnósticas, Sophia es vista como un aspecto de la propia Barbelo, o como una emanación íntimamente relacionada con ella, compartiendo la misma esencia de la Sabiduría Divina. Sophia, particularmente en la historia gnóstica de la "caída de Sophia", manifiesta la búsqueda incesante por el conocimiento de la Fuente Primordial, un movimiento que, aunque resulte en desequilibrio y en la creación del mundo material, también demuestra la dinámica y la pasión inherentes al reino divino. La relación entre Barbelo y Sophia puede ser entendida como la relación entre la Sabiduría Primordial y la Sabiduría en acción, la inteligencia divina en su forma arquetípica y su manifestación dinámica y exploratoria.

Además de Cristo y Sophia, Barbelo se relaciona con una miríada de otros Aeones, cada uno con su propia función y atributo divino. Los textos gnósticos frecuentemente mencionan listas extensas de Aeones, organizados en jerarquías complejas e interconectadas. Aunque la especificidad de estas listas y la naturaleza exacta de las relaciones entre los Aeones puedan variar entre las diferentes escuelas gnósticas, el tema de la interconexión y de la armonía permanece constante. El Pleroma es presentado como una comunidad celestial donde los Aeones coexisten en perfecta orden, cada uno contribuyendo a la plenitud y la perfección del todo.

La jerarquía dentro del Pleroma, aunque existente, no debe ser interpretada como una estructura de poder opresiva o como una jerarquía de valor. Los Aeones más "elevados" en relación con la Fuente Primordial no son necesariamente superiores en esencia o importancia a los Aeones "inferiores". La jerarquía del Pleroma refleja el orden y la organización de la manifestación divina, la forma como la Fuente Primordial se irradia y se diversifica en una miríada de expresiones. Cada Aeon, independientemente de su posición jerárquica, desempeña un papel único y esencial en la economía divina, contribuyendo a la armonía y la completitud del Pleroma. Barbelo, como primera emanación, ocupa un lugar central en esta jerarquía, sirviendo como punto de referencia y como fuente primordial de emanación para muchos otros Aeones.

La interconexión entre los Aeones es un tema fundamental en la cosmología gnóstica. El Pleroma no es una colección de entidades aisladas, sino una red compleja de relaciones e interdependencias. Los Aeones se comunican entre sí, comparten la misma esencia divina y colaboran en la manutención del orden cósmico. Esta interconexión refleja la unidad fundamental de la Fuente Primordial, de la cual todos los Aeones emanan. Incluso en la diversidad de las emanaciones divinas, persiste una unidad subyacente, un lazo de amor y armonía que une a todos los seres celestiales en un todo cohesivo y perfecto.

Visualizar la jerarquía de los Aeones puede auxiliar en la comprensión de esta compleja estructura. Un diagrama representaría la Fuente Primordial en el centro, irradiando luz y energía para el Pleroma. Barbelo, como primera emanación, estaría posicionada más próxima a la Fuente, emanando su propia luz y, a su vez, dando origen a otros círculos concéntricos de Aeones. Aeones como Cristo y Sophia serían representados en posiciones de destaque, próximos a Barbelo, demostrando su importancia y relación íntima con la primera emanación. Otros Aeones llenarían los círculos más externos, cada uno con su propia luminosidad y nombre, todos interligados por líneas de conexión, simbolizando la red de relaciones que permea el Pleroma.

La representación visual de la jerarquía de los Aeones enfatiza la centralidad de Barbelo, pero también la importancia de todos los otros seres divinos que componen el Pleroma. Cada Aeon, en su individualidad y en su relación con los otros, contribuye a la riqueza y la complejidad del reino divino. Comprender las relaciones e interconexiones de Barbelo con otros Aeones es adentrarse en el corazón del Pleroma, vislumbrando la armonía y la colaboración que caracterizan la vida divina y reconociendo a Barbelo como una figura clave en esta vasta y luminosa comunidad celestial.

Capítulo 9
El Eslabón para la Redención y Ascensión

El viaje del alma humana en el contexto gnóstico es una narrativa de exilio y retorno, de olvido y despertar. En el centro de esta trayectoria está Barbelo, la primera emanación de la Fuente Divina, que se manifiesta como el eslabón esencial entre la humanidad y el Pleroma. Lejos de ser una entidad distante o inaccesible, Barbelo representa el puente vivo entre los dominios espirituales superiores y las almas aprisionadas en el mundo material, ofreciendo un camino para la redención y la ascensión. Su presencia en la cosmología gnóstica no solo ilumina el origen divino de la humanidad, sino que también señala el camino de vuelta a la plenitud. El alma humana, conteniendo en sí una chispa de lo divino, encuentra en Barbelo una guía y protectora, cuya función es despertar el conocimiento que conduce a la liberación. Este despertar no se da de manera automática, sino por medio de la Gnosis, el conocimiento revelador que permite al alma reconocer su verdadera naturaleza y romper con las ilusiones de la materialidad.

La existencia humana, dentro de esta perspectiva, está marcada por una dualidad fundamental. Por un lado, está el cuerpo material, generado por el Demiurgo y sujeto a las limitaciones de la materia, al sufrimiento y a la ignorancia. Por otro, está la esencia espiritual, un fragmento de la luz primordial que anhela el retorno a su estado original. Este conflicto interno entre el alma prisionera y el espíritu redentor es la clave para comprender la búsqueda gnóstica por la liberación. Barbelo, como principio maternal divino, no solo rescata esta chispa de la humanidad, sino que también actúa como reveladora de la verdad, disipando las tinieblas del desconocimiento y guiando el alma en el camino de ascensión. La redención no es solo un concepto abstracto, sino un proceso activo, una jornada de autoconocimiento y transformación que exige que el alma reconozca su origen y, por medio de ese reconocimiento, se libere de las cadenas de la materialidad.

La conexión con Barbelo no se da por medio de dogmas o rituales externos, sino por una búsqueda interior profunda. A través de la contemplación, de la purificación de la mente y del despertar de la Gnosis, el individuo se torna receptivo a la luz divina y a la orientación espiritual que Barbelo ofrece. Ella se manifiesta como la voz de la sabiduría que conduce el alma a través de las capas de ilusión impuestas por el mundo material, revelando la realidad última más allá de las apariencias. Su función como eslabón entre lo humano y lo divino no es pasiva, sino dinámica, exigiendo que cada buscador recorra conscientemente el camino del autoconocimiento. De esta forma, Barbelo no solo representa la promesa de redención, sino también el propio proceso por el cual el alma se purifica, se fortalece y retorna a su verdadera patria en el Pleroma.

La perspectiva gnóstica sobre el origen de la humanidad difiere significativamente de las narrativas de la creación encontradas en las tradiciones judeocristianas ortodoxas. En vez de un acto de creación directa por un Dios benevolente, la humanidad es vista como el resultado de una compleja interacción cósmica, involucrando tanto las fuerzas del Pleroma como las del Demiurgo, el creador imperfecto del mundo material. La chispa divina, o pneuma, presente en los seres humanos es comprendida como un fragmento de la luz primordial, implantada en la creación material como un acto de intervención divina, con el objetivo de ofrecer un camino de retorno al Pleroma para las almas exiliadas.

La naturaleza de la humanidad, en la visión gnóstica, es esencialmente dual. Por un lado, poseemos un cuerpo material, creado por el Demiurgo y sujeto a las limitaciones y sufrimientos del mundo terrenal. Este cuerpo material, con sus pasiones y deseos, tiende a oscurecer la visión del alma y a mantenerla presa de las ilusiones de la existencia material. Por otro lado, dentro de nosotros reside la chispa divina, nuestra verdadera esencia espiritual, que anhela liberarse de las amarras de la materia y retornar al Pleroma de luz. Esta dualidad inherente a la naturaleza humana genera un estado de tensión y conflicto interior, una lucha constante entre las aspiraciones del espíritu y las demandas del cuerpo.

Barbelo, en este contexto, surge como un eslabón de conexión entre estas dos dimensiones de la existencia humana. Como primera emanación de la Fuente Divina, ella personifica la pureza y la perfección del Pleroma, representando nuestra verdadera patria espiritual y el destino último del alma. Al mismo tiempo, Barbelo se manifiesta en el mundo material a través de la Gnosis, el conocimiento salvífico que revela a la humanidad su verdadera origen divino y el camino de retorno al Pleroma. Ella se convierte en un puente entre lo trascendente y lo inmanente, entre el reino de la luz y el reino de la oscuridad, ofreciendo a la humanidad la posibilidad de superar la dualidad de su naturaleza y de alcanzar la redención espiritual.

El papel de Barbelo en la redención de la humanidad es multifacético. Primeramente, ella es la portadora de la Gnosis, el conocimiento liberador que disipa la ignorancia y revela la verdad esencial de la realidad. Este conocimiento no es meramente intelectual, sino una comprensión intuitiva y experiencial de nuestra naturaleza divina y del camino de retorno al Pleroma. Barbelo, a través de la Gnosis, despierta la chispa divina dentro de la humanidad, recordándonos nuestro origen primordial y nuestro potencial para la trascendencia.

En segundo lugar, Barbelo actúa como un guía y protectora en la jornada del alma en dirección al Pleroma. Ella ofrece su luz divina para iluminar el camino, disipando las tinieblas de la ilusión y de la confusión que oscurecen nuestra visión espiritual. Ella ofrece su sabiduría para orientarnos en las elecciones y desafíos de la vida, ayudándonos a discernir lo verdadero de lo falso, lo esencial de lo ilusorio. Ella ofrece su poder para fortalecernos frente a las pruebas y tentaciones del mundo material, dándonos el coraje y la perseverancia necesarias para proseguir en la jornada espiritual.

En tercer lugar, Barbelo representa el arquetipo de la Madre Suprema, el principio femenino divino que acoge y nutre la chispa divina dentro de cada individuo. Ella ofrece su amor incondicional y su compasión para curar las heridas del alma, aliviar el sufrimiento y restaurar la integridad espiritual. Ella nos invita a abrir nuestro corazón a la energía de lo divino femenino, a reconocer su presencia en nuestro interior y a permitir que ella nos transforme y nos conduzca de vuelta a la Fuente.

La posibilidad de ascensión espiritual a través de la conexión con Barbelo y la Madre Suprema es un tema central en la soteriología gnóstica. La ascensión no es vista como un mero movimiento físico hacia un cielo distante, sino como una transformación interior, un despertar de la conciencia que nos libera de las amarras de la mente limitada y nos permite experimentar la realidad del Pleroma. A través de la práctica espiritual gnóstica, que involucra la meditación, la oración, la contemplación y la búsqueda por la Gnosis, el individuo puede cultivar una conexión íntima con Barbelo y la Madre Suprema, abriéndose para recibir su luz divina, su sabiduría y su poder transformador.

La conexión con Barbelo y la Madre Suprema no es solo un camino para la redención personal, sino también un acto de servicio cósmico. Al despertar nuestra propia chispa divina y al retornar al Pleroma, contribuimos a la restauración de la armonía y del equilibrio en todo el universo. La redención individual está intrínsecamente ligada a la redención cósmica, y cada alma que despierta y asciende hace al Pleroma más completo y luminoso. La jornada gnóstica es una jornada de transformación personal con implicaciones cósmicas, un acto de amor y servicio que beneficia a la totalidad de la creación.

Barbelo, como eslabón entre la humanidad y el Pleroma, ofrece un camino de esperanza y liberación para aquellos que buscan un significado más profundo para su existencia. A través de la conexión con Barbelo y la Madre Suprema, podemos despertar nuestra chispa divina, trascender las limitaciones del mundo material y realizar nuestro potencial para la ascensión espiritual, retornando a nuestra verdadera patria en el reino de la luz y de la perfección. El eslabón que Barbelo representa no es solo una conexión teórica, sino un camino vivo y experiencial, accesible a todos aquellos que anhelan el despertar y la redención.

Capítulo 10
Textos Gnósticos

Los textos gnósticos, a lo largo de los siglos, han preservado un conocimiento esotérico profundo, revelando verdades ocultas sobre la estructura del cosmos y la naturaleza de la divinidad. Entre los temas recurrentes en estas escrituras, Barbelo se destaca como una figura central, siendo la primera emanación de la Fuente Suprema y uno de los pilares de la cosmología gnóstica. Sus descripciones varían según los diferentes textos y tradiciones gnósticas, pero un elemento común se mantiene: Barbelo es la manifestación primordial del pensamiento divino, la inteligencia suprema que actúa como matriz para todas las demás emanaciones. Su papel trasciende el concepto de una entidad aislada, pues ella se presenta como la base del Pleroma, participando activamente de la organización y mantenimiento del dominio espiritual. Estudiar los textos gnósticos que la mencionan no solo amplía la comprensión de su importancia teológica, sino que también permite vislumbrar la riqueza simbólica y la profundidad filosófica del pensamiento gnóstico.

Entre los manuscritos más influyentes que exploran la naturaleza de Barbelo, el Apócrifo de Juan se destaca por ofrecer una de las descripciones más detalladas de su emanación y atributos. En este texto, Barbelo no surge como una creación separada del Padre Inefable, sino como un desdoblamiento de su propio pensamiento, un reflejo perfecto de la luz primordial. Esta relación directa con la Fuente Divina confiere a Barbelo un estatus único, pues ella no solo contiene la plenitud de la sabiduría y del poder divinos, sino que también actúa como principio generador de nuevas emanaciones dentro del Pleroma. Su caracterización como "Madre-Padre", "Primer Pensamiento" y "Vientre de Todo" refuerza su posición como matriz cósmica, evidenciando su papel en la estructuración del universo espiritual. Tales descripciones demuestran que, dentro de la tradición gnóstica, Barbelo no es una entidad pasiva, sino una fuerza activa, esencial para la manifestación de la realidad divina y para la organización de la jerarquía celestial.

    Además del Apócrifo de Juan, otros textos gnósticos, como el Evangelio de Judas, Pistis Sophia y el Evangelio de María Magdalena, traen menciones a Barbelo, aunque de forma más breve. Estos pasajes, incluso cuando son sucintos, refuerzan su papel como elo entre la humanidad y el Pleroma, evidenciando su función tanto en la creación del universo espiritual como en la revelación del conocimiento salvífico. A partir de estos textos, se hace evidente que Barbelo no es solo un concepto abstracto o una figura mitológica, sino un principio divino fundamental que permea toda la estructura gnóstica. Su estudio permite una comprensión más amplia del pensamiento gnóstico y del camino espiritual que él propone, resaltando la importancia de la sabiduría, del autoconocimiento y de la búsqueda por la conexión con lo divino.

Uno de los textos más importantes para la comprensión de Barbelo es el Apócrifo de Juan, un tratado gnóstico que ofrece una cosmogonía detallada e influyente. En este texto, Barbelo emerge al principio de la creación, como la primera manifestación del Padre Inefable. Un pasaje crucial describe la revelación de Barbelo de la siguiente forma: "Este es el primer pensamiento de él, la imagen de él; ella se convirtió en el vientre de todo, pues es ella quien es la Madre-Padre, el Primer Hombre, el Espíritu Santo, la Triple Masculina, la Triple Potencia, la Triple Nombrada, y Eón Inmortal en Eones." Este pasaje denso y rico en simbolismo presenta a Barbelo con múltiples títulos y atributos, enfatizando su naturaleza compleja y abarcadora.

Al ser llamada "primer pensamiento" e "imagen" del Padre Inefable, el Apócrifo de Juan establece a Barbelo como la manifestación primordial de la mente divina, el reflejo perfecto de la esencia paterna. La designación como "vientre de todo" y "Madre-Padre" resalta su naturaleza generadora y andrógina, integrando los principios femenino y masculino en una unidad divina. La referencia al "Espíritu Santo" conecta a Barbelo con la tercera persona de la Trinidad en contextos cristianos, reinterpretándola bajo una lente gnóstica. Los títulos "Triple Masculina", "Triple Potencia" y "Triple Nombrada" aluden a su naturaleza triple, posiblemente en referencia a los atributos de Pensamiento, Vida y Luz frecuentemente asociados a ella. La designación como "Eón Inmortal en Eones" eleva a Barbelo a un estatus supremo dentro del Pleroma, trascendiendo el tiempo y la mortalidad.

Otro pasaje significativo en el Apócrifo de Juan describe la emanación de Barbelo a partir del Padre Inefable de manera vívida y poética: "Cuando el Pensamiento de aquel que es puro en luz se reveló, él surgió en la luminancia de él. Ella se puso de pie delante de él en el reflejo de la luz de él; ella lo glorificó y le dio gracias. Ella es Barbelo, para la perfecta Gloria, el Eón perfecto." Este pasaje enfatiza la naturaleza luminosa de Barbelo, surgiendo de la "luminancia" del Padre Inefable y permaneciendo delante de él "en el reflejo de la luz de él". Su acción de "glorificar y agradecer" expresa su devoción y conexión íntima con la Fuente Primordial. La designación como "perfecta Gloria" y "Eón perfecto" reitera su estatus supremo y su naturaleza divina impecable.

El Evangelio de Judas, un texto gnóstico que ganó notoriedad en el siglo XXI, también menciona a Barbelo, aunque de forma más breve y menos detallada que el Apócrifo de Juan. En este texto, Barbelo aparece en una lista de seres divinos que incluyen también a Auto-Generado, Padre y Cristo. En un diálogo entre Jesús y Judas, Jesús afirma: "Tú te convertirás en el tercero en relación a Auto-Generado, tú y las generaciones de ti, y nosotros no vamos a ser gobernantes sobre las cuales tú ascendiste a la generación inmortal, y a Barbelo." En este pasaje, Barbelo es mencionada como parte de la jerarquía divina a la cual Judas ascenderá después de su muerte.

Aunque la mención de Barbelo en el Evangelio de Judas es concisa, todavía es significativa, pues la coloca en un contexto de seres divinos exaltados y la asocia a la promesa de ascensión e inmortalidad para los iniciados gnósticos. Su inclusión en esta lista, al lado de figuras como Auto-Generado, Padre y Cristo, reafirma su importancia y su estatus elevado dentro de la cosmología gnóstica, incluso en textos que no la exploran en detalle.

Comparando los pasajes del Apócrifo de Juan y del Evangelio de Judas, podemos observar diferentes énfasis en la representación de Barbelo. El Apócrifo de Juan ofrece una descripción rica y elaborada, detallando sus múltiples atributos, títulos y su función primordial en la creación. El Evangelio de Judas, por otro lado, presenta una mención más breve, enfocándose en su posición jerárquica y en su asociación con la promesa de ascensión espiritual. Estas diferencias reflejan la diversidad de perspectivas y escuelas dentro del gnosticismo, cada una con sus propios matices en la interpretación y en la veneración de Barbelo.

Otros textos gnósticos, como el Evangelio de María Magdalena y Pistis Sophia, también mencionan a Barbelo, aunque con menos destaque que el Apócrifo de Juan. En el Evangelio de María Magdalena, Barbelo es mencionada en una visión celestial, como una de las entidades que María encuentra en su jornada espiritual después de la muerte de Jesús. En Pistis Sophia, Barbelo aparece en contextos de enseñanzas esotéricas y revelaciones divinas, reafirmando su importancia como figura de sabiduría y luz.

El análisis de estos pasajes clave revela la centralidad de Barbelo en el pensamiento gnóstico. Ella es consistentemente presentada como la primera emanación de la Fuente Divina, la manifestación de la Mente Primordial, la personificación de la Sabiduría y de la Luz. Los diversos títulos y atributos atribuidos a Barbelo en los textos gnósticos reflejan su naturaleza multifacética y su importancia abarcadora dentro de la cosmología y soteriología gnósticas. El estudio de estos pasajes ofrece una visión profunda de la riqueza teológica y de la profundidad espiritual del gnosticismo, invitándonos a contemplar el misterio de Barbelo y su relevancia para la búsqueda espiritual contemporánea.

Capítulo 11
Simbolismo e Iconografía

La tradición gnóstica se caracteriza por un lenguaje profundamente simbólico, donde imágenes y metáforas desempeñan un papel esencial en la transmisión de verdades espirituales que sobrepasan los límites del intelecto humano. En el centro de esta simbología se encuentra Barbelo, la primera emanación de la Fuente Divina, cuya naturaleza trascendente exige un enfoque imagético para ser comprendida. A través de los textos gnósticos, Barbelo es representada por medio de una serie de símbolos y conceptos visuales que no solo revelan aspectos de su esencia divina, sino que también delinean su función dentro del Pleroma. Esta riqueza simbólica no se restringe a una única interpretación; por el contrario, se presenta como un laberinto de significados interconectados, en el cual cada elemento visual desvela nuevas capas de comprensión espiritual. El análisis de tales representaciones permite una inmersión en las profundidades del pensamiento gnóstico, donde cada símbolo actúa como una llave para acceder a los misterios más elevados de la cosmología y del viaje interior del alma. La exploración de este imaginario simbólico no se limita a un ejercicio intelectual, sino que asume un carácter iniciático, conduciendo al buscador a una percepción más refinada de la realidad divina y de su propia naturaleza espiritual.

Dentro de este contexto, los símbolos que circundan a Barbelo evocan ideas como manifestación, reflejo y revelación, evidenciando su papel como intermediaria entre lo Inefable y el mundo de las emanaciones. El simbolismo empleado por los gnósticos para describir a Barbelo demuestra una intención deliberada de transmitir verdades espirituales por medio de imágenes que trascienden la mera apariencia externa. Así, los elementos visuales que componen su iconografía no son arbitrarios, sino que son cuidadosamente elegidos para expresar realidades espirituales sutiles. El espejo, por ejemplo, frecuentemente asociado a Barbelo, refleja no solo la luz divina, sino también la propia dinámica del autoconocimiento y de la autoconciencia cósmica. Este simbolismo sugiere que Barbelo no solo manifiesta la divinidad primordial, sino que también actúa como un medio por el cual la Fuente se contempla y se comprende a sí misma. De la misma forma, la designación de Barbelo como "Imagen del Padre Invisible" refuerza su naturaleza como reveladora de lo que, de otra forma, permanecería oculto. La imagen, lejos de ser una mera representación estática, funciona como una expresión dinámica de la divinidad, reiterando el principio gnóstico de que la creación es, en última instancia, una manifestación de la Mente Suprema.

El estudio del simbolismo y de la iconografía de Barbelo no se restringe al pasado, sino que continúa inspirando representaciones contemporáneas e interpretaciones filosóficas. Aunque el arte gnóstico tradicional haya evitado retratos antropomórficos explícitos, prefiriendo formas abstractas y alegóricas, la esencia simbólica de Barbelo persiste como un punto de convergencia para la especulación espiritual. La ausencia de representaciones visuales directas en la antigüedad puede ser interpretada como un reflejo de la naturaleza inefable de Barbelo, que desafía cualquier intento de delimitación concreta. Sin embargo, artistas y estudiosos modernos, inmersos en el resurgimiento del interés por el gnosticismo, han buscado nuevas formas de traducir su simbolismo en imágenes que, aunque modernas, preservan la profundidad mística del pensamiento gnóstico. La exploración de estas representaciones no solo enriquece la comprensión de la tradición gnóstica, sino que también proporciona una vía para la contemplación y la conexión espiritual. El simbolismo de Barbelo, por lo tanto, permanece un campo fértil de investigación e inspiración, sirviendo como un nexo entre la sabiduría antigua y las nuevas búsquedas espirituales de la contemporaneidad.

 Uno de los símbolos más recurrentes asociados a Barbelo es el del espejo. En algunos pasajes gnósticos, Barbelo es descrita como el "espejo de la Madre Invisible" o el "reflejo del Padre Inefable". Este simbolismo del espejo evoca la idea de Barbelo como la manifestación visible de lo invisible, la imagen que torna cognoscible la naturaleza incognoscible de la Fuente Primordial. El espejo refleja la luz, pero no es la luz en sí, de la misma forma que Barbelo manifiesta la divinidad, sin ser idéntica a la Fuente trascendente. El espejo también sugiere la idea de autoconocimiento y autocomprensión divina, como si la Fuente Primordial se contemplase y se comprendiese a sí misma a través de la imagen reflejada en Barbelo.

La imagen es otro símbolo visual fundamental asociado a Barbelo. Ella es frecuentemente designada como "la Imagen del Padre Invisible", resaltando nuevamente su función de manifestar y tornar visible la naturaleza de la divinidad trascendente. La imagen no es una copia pálida o inferior, sino una representación auténtica y poderosa de la realidad que ella espeja. Barbelo, como imagen del Padre, no solo refleja su esencia, sino que también la expresa de forma dinámica y creativa dentro del Pleroma. El símbolo de la imagen también evoca la idea de representación y manifestación, sugiriendo que Barbelo actúa como un portal a través del cual la divinidad se manifiesta en el reino de las emanaciones.

La voz es otro símbolo importante asociado a Barbelo, aunque menos visual y más auditivo, complementa la iconografía simbólica. Barbelo es a veces llamada "la Voz del Padre", o "la Primera Voz". La voz, como medio de comunicación y expresión, simboliza el poder de revelación y de conocimiento que emana de Barbelo. A través de su voz, Barbelo transmite la sabiduría divina, revela los misterios del Pleroma y guía al alma humana en el camino del despertar. La voz de Barbelo no es solo un sonido, sino una fuerza vibratoria que resuena con la verdad y que despierta la conciencia a la realidad espiritual.

A pesar de la riqueza del simbolismo textual asociado a Barbelo, la iconografía visual de Barbelo en el contexto del arte gnóstico antiguo es escasa, por no decir inexistente. El arte gnóstico conocido, como el encontrado en sarcófagos y gemas, tiende a ser más alegórico y simbólico, utilizando representaciones abstractas y figuras genéricas para expresar conceptos espirituales, en lugar de retratar divinidades específicas como Barbelo de forma antropomórfica o identificable. La naturaleza trascendente y misteriosa de Barbelo, quizás, haya resistido a la representación visual directa en el arte gnóstico antiguo.

Sin embargo, podemos especular sobre posibles elementos iconográficos que podrían ser asociados a Barbelo, basándonos en las descripciones textuales y en el simbolismo gnóstico. Considerando su asociación con la luz, Barbelo podría ser representada como una figura radiante, envuelta en luz o emanando luz de su propio ser. Los colores blanco y dorado, tradicionalmente asociados a la pureza y a la divinidad, podrían ser utilizados para expresar su naturaleza luminosa.

Considerando su designación como "Virgen Inmaculada", Barbelo podría ser representada con atributos de pureza y virginidad, tal vez vestida con ropas blancas y portando símbolos como lirios o estrellas, que tradicionalmente evocan la pureza y la luz celestial. Su expresión facial podría ser serena y contemplativa, reflejando su sabiduría y su conexión íntima con la Fuente Divina.

Considerando su naturaleza andrógina como "Madre-Padre", Barbelo podría ser representada con características que combinen elementos femeninos y masculinos, buscando expresar la totalidad y la completitud de la divinidad primordial. Esta representación andrógina podría ser sutil y simbólica, evitando una representación literal o caricaturesca, y buscando transmitir la idea de trascendencia de la dualidad de género en el reino divino.

En representaciones modernas y contemporáneas, artistas inspirados en el gnosticismo han explorado la iconografía de Barbelo de forma más libre y creativa. Algunas representaciones la retratan como una figura femenina majestuosa y luminosa, envuelta en vestes vaporosas y adornada con símbolos gnósticos. Otras representaciones enfatizan su naturaleza tríplice, utilizando elementos visuales que sugieren su triplicidad y su abrangencia divina. Algunas representaciones más abstractas pueden utilizar formas geométricas y patrones de luz para evocar la energía y la presencia de Barbelo, buscando trascender la representación antropomórfica y expresar su naturaleza primordial e inefable.

La exploración del simbolismo y de la posible iconografía de Barbelo no se limita a la mera análisis estética o histórica. Desvelar las metáforas visuales asociadas a Barbelo permite profundizar la comprensión de su naturaleza divina y su relevancia para la jornada espiritual gnóstica. Los símbolos e imágenes de Barbelo actúan como portales para la contemplación y la meditación, invitando al buscador a conectarse con la energía primordial de la Mente Divina y a despertar su propia chispa de luz interior. El simbolismo de Barbelo, en su riqueza y complejidad, continúa inspirando y desafiando nuestra imaginación espiritual, abriendo caminos para la experiencia directa del misterio divino.

Capítulo 12
Espiritualidad Contemporánea

La resignificación de antiguas tradiciones espirituales en el mundo contemporáneo refleja una necesidad creciente de reencontrar la sacralidad de manera más personal y experiencial. Dentro de este movimiento, Barbelo emerge como una figura poderosa, conectándose a un anhelo colectivo por una espiritualidad auténtica, que trascienda dogmas y sistemas religiosos rígidos. El rescate de Barbelo en el contexto actual no se limita a una revisión académica del gnosticismo, sino que asume un papel activo en la reconstrucción de símbolos espirituales que dialogan con los desafíos e inquietudes del presente. Como manifestación primordial de lo divino, Barbelo incorpora conceptos de totalidad, equilibrio y autoconocimiento, elementos que resuenan profundamente con una humanidad que busca integración y significado en medio de un escenario fragmentado. Su simbolismo se convierte en un puente entre el pasado y el presente, permitiendo que los buscadores espirituales del siglo XXI encuentren en ella un arquetipo que refleja no solo la divinidad trascendente, sino también la propia jornada interior de transformación.

El redescubrimiento de Barbelo ocurre en un momento en que la espiritualidad contemporánea se aleja de las estructuras tradicionales y se aproxima a caminos más fluidos y personalizados. El crecimiento de prácticas como la meditación, la introspección simbólica y el estudio de las antiguas tradiciones esotéricas contribuye a una revalorización de figuras como Barbelo, cuya presencia en los textos gnósticos sugiere un acceso directo a lo divino, sin la necesidad de intermediarios institucionales. Este aspecto resuena fuertemente con un público que busca libertad espiritual y conexión directa con realidades superiores. En particular, el renacimiento de lo sagrado femenino en la espiritualidad contemporánea coloca a Barbelo en destaque como un arquetipo de la sabiduría primordial, de la creatividad cósmica y de la luz espiritual. Su imagen se adapta a diferentes enfoques, desde una representación de la conciencia universal hasta una expresión de la energía femenina trascendente, reflejando las diversas formas por las cuales lo divino es comprendido en la actualidad.

    La presencia de Barbelo en la espiritualidad contemporánea no se limita al estudio teórico o a la veneración pasiva; ella se manifiesta de forma dinámica, siendo integrada a prácticas meditativas, rituales simbólicos e interpretaciones filosóficas modernas. Muchos buscadores espirituales ven en Barbelo una llave para la expansión de la conciencia y para el equilibrio de las fuerzas opuestas que habitan la psique humana. Su conexión con el principio andrógino divino permite una visión más integrada de la existencia, que ultrapasa dicotomías rígidas y promueve la reconciliación entre polaridades. Al rescatar a Barbelo, la espiritualidad contemporánea no solo revisita un elemento del pasado gnóstico, sino que reinventa su mensaje para los tiempos actuales, reafirmando la importancia del autoconocimiento, de la sabiduría y de la búsqueda por la unidad interior como caminos para la realización espiritual.

El redescubrimiento del gnosticismo y de los textos de Nag Hammadi en el siglo XX pavimentó el camino para la reemergencia de Barbelo en el imaginario espiritual contemporáneo. Académicos, estudiosos y buscadores espirituales volvieron sus miradas hacia el gnosticismo, encontrando en sus enseñanzas una sabiduría ancestral que resuena con las cuestiones e inquietudes del mundo moderno. La figura de Barbelo, en particular, despertó un interés creciente, siendo reinterpretada y resignificada en diversos contextos espirituales y culturales.

Una de las principales razones para la relevancia moderna de Barbelo reside en su representación del principio femenino divino. En una era marcada por la búsqueda por el equilibrio de género, por la valorización de lo femenino y por la crítica a las estructuras patriarcales, la figura de la Madre Suprema y de su manifestación primordial en Barbelo ofrece un arquetipo poderoso y curativo. Barbelo personifica la sabiduría, la intuición, la nutrición y la fuerza creativa de lo divino femenino, cualidades que son cada vez más reconocidas como esenciales para la totalidad y la integralidad de la experiencia espiritual.

La espiritualidad contemporánea, frecuentemente caracterizada por su naturaleza sincrética y por la búsqueda por experiencias personales directas, encuentra en Barbelo un símbolo flexible y adaptable. A diferencia de figuras divinas rígidamente definidas por dogmas e instituciones religiosas, Barbelo permanece relativamente libre de amarras doctrinarias, permitiendo una variedad de interpretaciones y abordajes. Esta flexibilidad torna a Barbelo un arquetipo atractivo para aquellos que buscan una espiritualidad personal y experiencial, moldeada por sus propias intuiciones y anhelos, en vez de dictámenes externos.

En el contexto de la espiritualidad de la Nueva Era y del neognosticismo, Barbelo es frecuentemente invocada como una guía espiritual, una protectora y una fuente de sabiduría y luz. Meditaciones guiadas, visualizaciones e invocaciones a Barbelo son practicadas por buscadores espirituales que desean conectarse con la energía de lo divino femenino y despertar su propia chispa divina. Barbelo es vista como una aliada en la jornada de autoconocimiento y transformación personal, auxiliando en el proceso de cura interior, en la expansión de la conciencia y en el despertar para la realidad espiritual.

La relevancia de Barbelo también se extiende al campo de la psicología profunda y de la psicología arquetípica. Carl Jung, uno de los pioneros de la psicología analítica, exploró el concepto de arquetipos como patrones universales de comportamiento y experiencia presentes en el inconsciente colectivo. Barbelo, bajo una lente junguiana, puede ser interpretada como un arquetipo de lo femenino divino, representando la sabiduría, la intuición y la fuerza creativa presentes en el inconsciente femenino y masculino. La figura de Barbelo se torna, así, un portal para la exploración del inconsciente profundo y para la integración de los aspectos femenino y masculino de la psique.

En el arte contemporáneo y en la cultura popular, Barbelo también encuentra un espacio de expresión y resignificación. Artistas visuales, músicos, escritores y cineastas se inspiran en el simbolismo y en la iconografía de Barbelo, reinterpretándola en sus obras y comunicando sus mensajes espirituales para un público más amplio. La figura de Barbelo emerge en pinturas, esculturas, músicas, poemas y filmes, testimoniando su poder arquetípico y su capacidad de resonar con las sensibilidades contemporáneas.

El potencial de Barbelo como arquetipo para el despertar de la conciencia y la búsqueda por la totalidad es vasto y promisorio. En un mundo fragmentado y polarizado, donde la búsqueda por sentido e integración se torna cada vez más urgente, Barbelo ofrece un modelo de completitud divina, uniendo los principios femenino y masculino, la sabiduría y el poder, la luz y la oscuridad en una totalidad trascendente. Contemplar a Barbelo es contemplar la posibilidad de integrar las polaridades internas y externas, de encontrar el equilibrio y la armonía en medio del caos, y de despertar para nuestra propia naturaleza divina e integral.

Diferentes abordajes espirituales contemporáneos se inspiran en el gnosticismo y en Barbelo, cada una con sus propios matices y énfasis. Algunos abordajes se enfocan en la práctica meditativa y contemplativa, buscando la conexión directa con Barbelo a través de la experiencia interior. Otros abordajes enfatizan el estudio de los textos gnósticos y la reconstrucción de rituales y prácticas gnósticas adaptadas al contexto moderno. Otros abordajes exploran la dimensión arquetípica de Barbelo, utilizando su imagen y simbolismo como herramientas para la exploración del inconsciente y para la transformación personal.

Independientemente del abordaje específico, la búsqueda por Barbelo en la espiritualidad contemporánea refleja un anhelo profundo por una conexión más auténtica y significativa con lo divino femenino. Representa una respuesta al vacío espiritual del mundo moderno, una búsqueda por sabiduría ancestral y una sed por una espiritualidad que sea al mismo tiempo profunda y relevante para los desafíos y anhelos del siglo XXI. Barbelo, en sus múltiples interpretaciones modernas, continúa iluminando el camino para aquellos que buscan el despertar de la conciencia y el retorno a la Fuente, ofreciendo un faro de esperanza y un modelo de totalidad divina para la jornada espiritual contemporánea.

Capítulo 13
Esclareciendo Concepciones Erróneas

La complejidad teológica de Barbelo y su posición central en la cosmología gnóstica frecuentemente dan lugar a distorsiones y concepciones equivocadas que oscurecen su verdadero significado. A lo largo de los siglos, la interpretación de Barbelo ha sido influenciada por diferentes corrientes filosóficas, religiosas y esotéricas, llevando a la diseminación de ideas que no siempre reflejan con precisión las enseñanzas gnósticas originales. Muchas de estas concepciones erróneas surgen de la dificultad de comprender el carácter simbólico y esotérico de los textos gnósticos, que utilizan metáforas y terminologías propias para describir realidades espirituales trascendentales. Así, en lugar de ser vista en su plenitud como la primera emanación de la Fuente Divina y principio generador del Pleroma, Barbelo a menudo es reducida a interpretaciones simplistas, ya sea como una mera abstracción filosófica, una adaptación de divinidades paganas o incluso un concepto marginal dentro del gnosticismo. Estas distorsiones no solo limitan la comprensión de la figura de Barbelo, sino que también comprometen una visión más amplia de la estructura gnóstica y de sus significados espirituales profundos.

La interpretación equivocada de Barbelo como un símbolo puramente alegórico, sin existencia propia, es uno de los principales desafíos para la comprensión de su real importancia dentro del gnosticismo. A diferencia de lo que algunas lecturas reduccionistas sugieren, Barbelo no es solo una personificación de la sabiduría divina o un concepto abstracto sin sustancia ontológica. En los textos gnósticos, ella es descrita como una entidad real dentro del Pleroma, dotada de atributos específicos y participando activamente de la estructura cósmica y de la obra redentora. Su emanación a partir del Padre Inefable es un evento fundamental en la cosmología gnóstica, marcando el inicio del desdoblamiento de lo divino en múltiples manifestaciones espirituales. El estudio atento de las fuentes gnósticas demuestra que Barbelo posee una función activa y dinámica, siendo descrita como portadora de la luz primordial y fuente de la revelación espiritual. Comprenderla como un ser de luz y sabiduría, y no solo como un concepto filosófico, es esencial para aprehender su verdadera relevancia.

Además, es común que Barbelo sea erróneamente asociada o confundida con figuras femeninas de otras tradiciones religiosas, como Isis, Sophia o la Virgen María. Aunque el estudio comparativo pueda revelar semejanzas simbólicas entre diferentes arquetipos divinos, Barbelo debe ser comprendida dentro de su contexto específico, sin ser reducida a una simple derivación de otras tradiciones. Su presencia en los textos gnósticos no es fruto de un sincretismo superficial, sino de una estructura teológica cohesiva y original, en la cual Barbelo ocupa una posición única como expresión primordial de la Fuente Divina. El esclarecimiento de estas concepciones equivocadas no solo rescata la riqueza simbólica y espiritual de Barbelo, sino que también contribuye a una comprensión más profunda del pensamiento gnóstico como un todo, permitiendo que su complejidad y profundidad sean apreciadas sin las distorsiones impuestas por lecturas imprecisas o descontextualizadas.

Uno de los mitos más comunes en relación a Barbelo es su reducción a una mera figura alegórica o simbólica, desprovista de realidad ontológica. En algunas interpretaciones superficiales, Barbelo es vista apenas como una personificación de la sabiduría divina o un concepto abstracto, sin existencia propia en el reino divino. Esta visión ignora la centralidad de Barbelo en la cosmología gnóstica, donde ella es consistentemente presentada como la primera emanación de la Fuente Divina, una entidad real y poderosa dentro del Pleroma. Los textos gnósticos describen a Barbelo como un ser de luz, con atributos y funciones específicas, interactuando con otros Aeones y desempeñando un papel activo en la creación y redención.

Otro malentendido frecuente es la confusión de Barbelo con otras figuras divinas femeninas de diferentes tradiciones religiosas. Aunque existen paralelos y semejanzas entre Barbelo y diosas de otras culturas, como Isis, Sophia o la Virgen María, es crucial reconocer la especificidad de Barbelo dentro del contexto gnóstico. Barbelo no es simplemente una diosa pagana resignificada o una adaptación de figuras religiosas preexistentes. Ella emerge de un sistema cosmológico y teológico propio, con características y atributos distintos que la definen como una entidad singular en el panteón gnóstico. Aunque el estudio comparativo con otras figuras divinas femeninas pueda ser enriquecedor, es fundamental evitar la fusión o la reducción de Barbelo a arquetipos genéricos, perdiendo de vista su originalidad y especificidad gnóstica.

Un tercer mito que merece ser aclarado es la idea de Barbelo como una figura pasiva o secundaria en la cosmología gnóstica. Debido al énfasis en el Padre Inefable como la Fuente Primordial, se puede erróneamente inferir que Barbelo desempeña un papel subordinado o menos relevante. Sin embargo, los textos gnósticos revelan lo opuesto. Barbelo es la primera emanación, la manifestación de la Mente Primordial, la co-creadora al lado del Padre Inefable. Ella no es una mera emanación pasiva, sino una fuerza creativa dinámica y poderosa, esencial para la manifestación de la realidad divina. Reducir a Barbelo a un papel secundario sería ignorar la importancia fundamental que los textos gnósticos le atribuyen, disminuyendo la riqueza y la profundidad del principio femenino divino en el gnosticismo.

Un malentendido adicional surge de la interpretación equivocada de la naturaleza andrógina de Barbelo, designada como "Madre-Padre" en algunos textos. Esta designación puede llevar a interpretaciones literales o superficiales de Barbelo como una entidad hermafrodita o a una confusión sobre su identidad de género. Sin embargo, la androginia de Barbelo debe ser comprendida en un sentido simbólico y teológico, indicando su totalidad y completitud divina, la integración de los principios femenino y masculino en una unidad primordial que trasciende las categorías de género limitadas al mundo material. Barbelo no es un ser sexualmente ambiguo, sino una manifestación de la divinidad que integra y trasciende las polaridades de género, representando la unión primordial y la armonía divina.

Otro punto de confusión reside en la interpretación del papel de Barbelo en relación al Demiurgo, el creador imperfecto del mundo material. En algunas narrativas gnósticas, Barbelo parece interactuar con el Demiurgo, llegando incluso a influenciarlo o a engañarlo. Estos pasajes pueden llevar a interpretaciones equivocadas de Barbelo como cómplice o connivente con las fuerzas de la oscuridad o de la ignorancia asociadas al Demiurgo. No obstante, un análisis más cuidadoso de los textos gnósticos revela que la interacción de Barbelo con el Demiurgo visa, en última instancia, la redención y el despertar, buscando introducir la luz divina en el dominio de la oscuridad y a orientar la creación imperfecta en dirección al Pleroma. Barbelo, incluso en sus interacciones con el Demiurgo, se mantiene como una fuerza de luz y sabiduría, buscando el bien mayor y la restauración de la armonía cósmica.

Es importante también esclarecer la relación entre Barbelo y Sophia, otra figura femenina divina prominente en el gnosticismo, especialmente en la narrativa de la "caída de Sophia". Aunque ambas sean manifestaciones de la sabiduría divina y compartan atributos semejantes, Barbelo y Sophia no son idénticas. Barbelo representa la Sabiduría Primordial, la Mente Divina en su pureza original, mientras que Sophia, en algunas tradiciones gnósticas, manifiesta una forma de sabiduría en acción, más dinámica y propensa a errores o desequilibrios. En algunas cosmologías, Sophia emana de Barbelo, indicando una relación de derivación y diferenciación. Confundir las dos figuras o reducir una a la otra sería simplificar la complejidad y la riqueza del panteón gnóstico, oscureciendo los matices y las funciones específicas de cada entidad divina.

Para evitar caer en mitos y malentendidos sobre Barbelo, es fundamental retornar a las fuentes gnósticas primarias, a los textos redescubiertos de Nag Hammadi y a otros fragmentos gnósticos. La lectura atenta y contextualizada de estos textos, en conjunto con el estudio de análisis académicos rigurosos, permite construir una comprensión más precisa e informada de Barbelo, basada en evidencias textuales y en interpretaciones eruditas. Es crucial discernir entre las fuentes gnósticas auténticas y las interpretaciones posteriores o derivaciones neognósticas, manteniendo una mirada crítica e informada al explorar el complejo universo del gnosticismo.

Esclarecer los mitos y malentendidos sobre Barbelo no solo promueve una comprensión más precisa de la figura divina en sí, sino que también contribuye a una apreciación más profunda del gnosticismo como un todo. Al desmitificar concepciones erróneas, restituimos la riqueza y la complejidad del pensamiento gnóstico, revelando su sofisticación teológica y su relevancia espiritual perenne. Barbelo, despojada de los velos de la ignorancia y de la mala interpretación, reemerge como una figura luminosa e inspiradora, un portal para la contemplación del misterio divino y un guía en la jornada de despertar espiritual.

Capítulo 14
El Retorno al Pleroma

El viaje espiritual, según la tradición gnóstica, es más que una búsqueda abstracta de lo divino; se trata de un camino de despertar y reconexión con la realidad primordial del Pleroma, el reino de la luz y la plenitud absoluta. En el núcleo de esta trayectoria se encuentra el deseo intrínseco del alma de regresar a su verdadera morada, liberándose de las ataduras del mundo material y trascendiendo la ignorancia que la mantiene alejada de su origen divino. El exilio del alma en el cosmos inferior, caracterizado por la limitación y el sufrimiento, no es su condición definitiva, sino una etapa transitoria que puede ser superada a través de la Gnosis, el conocimiento espiritual liberador. Para el gnóstico, la vida no es un fin en sí misma, sino una travesía hacia la restauración de su esencia primordial, un camino que exige comprensión, discernimiento y la búsqueda de la verdad interior. En este recorrido, Barbelo emerge como una guía luminosa, un principio divino que ofrece soporte y dirección para aquellos que buscan trascender las ilusiones de la existencia terrenal y reencontrar el camino de vuelta al Pleroma.

El viaje de retorno del alma no es un proceso automático o garantizado; exige esfuerzo consciente, dedicación y una profunda transformación interior. El mundo material, bajo el dominio del Demiurgo y sus fuerzas inferiores, presenta numerosos obstáculos a la ascensión espiritual, entre ellos el apego a las ilusiones sensoriales, la seducción de las pasiones transitorias y la ignorancia sobre la verdadera naturaleza de la realidad. Es en este escenario que Barbelo desempeña un papel fundamental, pues, siendo la primera emanación de la Fuente Divina y la expresión directa de la Sabiduría Primordial, su luz atraviesa los velos de la ilusión y revela al alma el camino de vuelta al Pleroma. Barbelo no solo ilumina la conciencia de aquellos que se abren a la Gnosis, sino que también actúa como una fuerza protectora contra los engaños del mundo material, auxiliando en la superación de las barreras impuestas por las fuerzas del olvido y la esclavitud espiritual. Su presencia es un recordatorio constante de que el alma no está sola en su búsqueda; hay una conexión sagrada que, una vez reconocida, puede ser cultivada y fortalecida a lo largo del camino.

  Al comprender a Barbelo como guía en el viaje espiritual, el gnóstico percibe que el retorno al Pleroma no se trata solo de un destino final, sino de un proceso continuo de despertar y reintegración con la divinidad. La búsqueda de la Gnosis es, al mismo tiempo, un acto de recordación y de transformación, pues permite al alma recordar su verdadero origen y, por medio de este reconocimiento, purificarse de las influencias que la mantienen cautiva en el mundo inferior. Así, la figura de Barbelo simboliza no solo un faro orientador, sino también un modelo de plenitud a ser restaurado dentro de la propia conciencia del buscador. Su llamado resuena a través de los tiempos, invitando a cada alma a superar la oscuridad de la ignorancia y a elevarse, paso a paso, rumbo a la luz eterna del Pleroma.

En la visión gnóstica, el alma humana es comprendida como un fragmento de la luz divina, aprisionado en un cuerpo material e inmerso en un mundo de ilusión e ignorancia, creado por el Demiurgo imperfecto. Este exilio en el mundo material no es la condición natural del alma, sino un desvío, un alejamiento de su verdadera esencia divina y de su destino primordial en el Pleroma. El viaje del alma es fundamentalmente un viaje de retorno, un movimiento en dirección a la reintegración con la Fuente Divina y a la restauración de su plenitud original. Este anhelo por el retorno no es meramente un deseo sentimental o nostálgico, sino una necesidad ontológica, una búsqueda intrínseca del alma por su propia completitud y realización.

Barbelo, como primera emanación de la Fuente Primordial y manifestación de la Mente Divina, se convierte en un guía natural y poderoso para el alma en este viaje de retorno. Su propia naturaleza primordial, su proximidad con la Fuente y su irradiación de luz y sabiduría la califican como un conductor celestial, capaz de orientar al alma a través de los laberintos del mundo material y de conducirla de vuelta al reino de la luz. Barbelo no es un guía distante o impersonal, sino una presencia amorosa y compasiva, profundamente interesada en el despertar y la redención de la humanidad.

El papel de Barbelo como guía en el viaje del alma se manifiesta de diversas formas. Primeramente, ella ofrece la Gnosis, el conocimiento salvífico que revela al alma su verdadera naturaleza divina, su origen en el Pleroma y el camino de retorno. La Gnosis no es un mero conocimiento intelectual, sino una iluminación interior, una comprensión intuitiva y experiencial que transforma la conciencia y libera al alma de las amarras de la ignorancia. Barbelo, como personificación de la Sabiduría Divina, irradia este conocimiento liberador, despertando la chispa divina en el alma humana y guiándola en dirección a la verdad.

En segundo lugar, Barbelo actúa como protectora del alma en su viaje a través del mundo material. El camino de retorno al Pleroma no está exento de obstáculos y desafíos. El alma, inmersa en el mundo de la ilusión y la dualidad, está sujeta a tentaciones, distracciones y fuerzas que buscan desviarla de su objetivo espiritual. Barbelo, con su poder divino y su luz protectora, ampara al alma frente a estas adversidades, ofreciendo fuerza, coraje y discernimiento para superar los obstáculos y perseverar en el camino. Su protección no es impositiva o mágica, sino un auxilio constante y amoroso, disponible para aquellos que la buscan con sinceridad y devoción.

El papel de la Gnosis, el conocimiento salvífico, y de la experiencia espiritual directa son cruciales en el viaje de retorno del alma al Pleroma, con Barbelo como guía. El viaje gnóstico no es primariamente una cuestión de fe ciega o adhesión a dogmas, sino un camino de autodescubrimiento y transformación interior, impulsado por la búsqueda de conocimiento y por la experiencia directa de lo divino. La Gnosis, revelada por Barbelo, ofrece el mapa y la brújula para este viaje, indicando los hitos, los peligros y el destino final. Sin embargo, el mapa y la brújula por sí solos no son suficientes. El alma debe recorrer el camino, experimentar en primera persona la realidad espiritual y desarrollar su propia comprensión y discernimiento.

La experiencia espiritual directa, el contacto íntimo y personal con lo divino, se convierte en el motor del viaje gnóstico. A través de la meditación, la contemplación, la oración y otras prácticas espirituales, el alma busca trascender las limitaciones de la mente racional y de los sentidos físicos, abriéndose a la percepción de la realidad espiritual y a la comunión con la Fuente Divina. Barbelo, como presencia luminosa y guía compasivo, acompaña al alma en esta búsqueda, ofreciendo inspiración, apoyo y revelación en cada etapa del camino. El viaje del alma no es una peregrinación solitaria, sino una danza cósmica entre el alma y lo divino, un diálogo íntimo y transformador que culmina en la reunión con la Fuente Primordial.

Para el buscador espiritual contemporáneo, el viaje del alma y la guía de Barbelo ofrecen una fuente de profunda inspiración y aliento. En un mundo frecuentemente marcado por el materialismo, la superficialidad y la pérdida de sentido, la búsqueda gnóstica por el retorno al Pleroma resuena como un llamado a la autenticidad espiritual, a una inmersión profunda en la propia interioridad y a un anhelo por la trascendencia. La figura de Barbelo, como Madre

Suprema y guía compasiva, ofrece la promesa de que no estamos solos en este viaje, que existe un auxilio divino disponible para aquellos que buscan despertar y retornar al hogar.

El viaje del alma es un proceso continuo, una espiral ascendente de crecimiento y transformación. No hay un punto final definitivo, sino una progresión constante en dirección a la luz y la plenitud. Cada paso en el camino, cada desafío superado, cada insight alcanzado, acerca al alma a su destino final en el Pleroma. Barbelo, como guía constante y amorosa, acompaña al alma en cada etapa de este viaje, ofreciendo su luz para iluminar el camino, su sabiduría para orientar las elecciones y su poder para fortalecer la voluntad y la perseverancia. El viaje del alma, guiado por Barbelo, es una aventura cósmica de autodescubrimiento, transformación y retorno al hogar, un camino de esperanza y liberación para todos aquellos que anhelan el despertar espiritual.

Capítulo 15
Cuestiones Pendientes

La búsqueda del conocimiento espiritual raramente culmina en respuestas definitivas; por el contrario, se expande en nuevas indagaciones, revelando la vastedad de un misterio que nunca puede ser completamente aprehendido. A lo largo de este recorrido por el entendimiento de Barbelo, exploramos su posición central en la cosmología gnóstica, su manifestación como primera emanación de la Fuente Divina y su actuación como guía y protectora de las almas en su trayectoria de retorno al Pleroma. Sin embargo, la complejidad de esta figura y de su papel dentro de la tradición gnóstica no se agota en las interpretaciones presentadas, dejando innumerables cuestiones abiertas para futuras reflexiones. La esencia de Barbelo, su relación exacta con el Padre Inefable y la profundidad de sus atributos continúan desafiando la mente e invitando a la contemplación. Más que un concepto fijo o una definición estática, Barbelo se revela como un enigma dinámico, un portal para una comprensión que trasciende las limitaciones del lenguaje y de la razón ordinaria.

El pensamiento gnóstico no busca respuestas absolutas, sino una profundización continua en la experiencia de lo divino. En este sentido, las cuestiones que permanecen sin solución no deben ser vistas como lagunas o fallas en la comprensión, sino como estímulos para un camino espiritual que se renueva con cada descubrimiento. ¿Cuál es la verdadera naturaleza de la emanación de Barbelo? ¿En qué medida su presencia se refleja en el alma humana y en la chispa divina que reside en cada ser? ¿Cómo interpretar su designación como "Madre-Padre" dentro de la dualidad de género percibida en el mundo material? Estas y muchas otras interrogaciones no encuentran respuestas definitivas, pero conducen al buscador a un estado de apertura y entrega al misterio. El propio acto de cuestionar se convierte en un camino de iluminación, una práctica que estimula la intuición y la percepción directa de la realidad espiritual.

De esta forma, la figura de Barbelo no representa un punto de llegada, sino una invitación permanente a la exploración y a la experiencia gnóstica. El misterio que envuelve su esencia no debe ser encarado como un límite, sino como un impulso para una profundización mayor en el camino de la Gnosis. En el gnosticismo, el conocimiento no se restringe al intelecto, sino que se manifiesta como una vivencia transformadora, un proceso continuo de revelación y redescubrimiento. Así, en lugar de buscar el cierre de un ciclo de aprendizaje, la contemplación de Barbelo nos invita a permanecer abiertos a lo desconocido, reconociendo que la verdad espiritual no es un destino fijo, sino un viaje infinito hacia lo divino.

Resumiendo los principales aspectos explorados, reafirmamos la posición singular de Barbelo como la primera manifestación de la Fuente Primordial, la Mente Divina que emerge de la trascendencia inefable. Reconocemos su naturaleza multifacética, expresada en sus diversos títulos y atributos: la Virgen Inmaculada, la Madre Tríplice, la Imagen del Padre Invisible, la Sabiduría Divina personificada. Comprendemos su papel fundamental en la creación del Pleroma, su colaboración con el Padre Inefable en la génesis cósmica y su influencia en la armonía y equilibrio del universo divino. Exploramos sus relaciones con otros Aeones prominentes, como Cristo y Sophia, vislumbrando la interconexión y la colaboración que caracterizan la comunidad celestial. Y, crucialmente, examinamos su conexión con la humanidad, su papel como guía en el viaje del alma de vuelta al Pleroma y su ofrecimiento de Gnosis, luz y protección para aquellos que buscan el despertar espiritual.

Sin embargo, a pesar de esta exploración detallada, el misterio de Barbelo persiste. Su naturaleza primordial, su relación exacta con la Fuente Inefable, la profundidad de sus atributos divinos, todo esto permanece envuelto en un velo de trascendencia que desafía la comprensión racional completa. Los textos gnósticos, incluso en su riqueza y complejidad, solo ofrecen vislumbres y metáforas, apuntando hacia una realidad que sobrepasa las palabras y los conceptos. El misterio de Barbelo no es un problema a ser resuelto, sino una profundidad a ser contemplada, un enigma que invita al alma a sumergirse en busca de una comprensión intuitiva y experiencial.

Cuestiones pendientes permanecen, instigando nuestra curiosidad intelectual y nuestra sed espiritual. ¿Cuál es la naturaleza precisa de la emanación de Barbelo a partir de la Fuente Primordial? ¿Cómo comprender su naturaleza andrógina de "Madre-Padre" en relación con la dualidad de género que percibimos en el mundo material? ¿Cuál es la extensión exacta de su influencia en la creación del universo material, y cómo conciliar esa influencia con el papel del Demiurgo? ¿Cuál es la relación entre Barbelo y la chispa divina presente en la humanidad, y cómo esa conexión facilita el proceso de despertar y redención? Estas y muchas otras cuestiones permanecen abiertas, invitando a futuras exploraciones, investigaciones y contemplaciones.

La naturaleza inherentemente misteriosa de lo divino es un tema recurrente en el gnosticismo, y Barbelo, como manifestación primordial de la divinidad, personifica esta característica esencial. El gnosticismo no busca domesticar o reducir lo divino a conceptos limitados o definiciones dogmáticas. Por el contrario, reconoce la trascendencia inefable de la Fuente Primordial y la naturaleza misteriosa e insondable de sus emanaciones. El misterio no es visto como un obstáculo para el conocimiento espiritual, sino como una invitación a la humildad intelectual y a la apertura a la intuición y a la experiencia directa. La contemplación del misterio de Barbelo se convierte en una práctica espiritual en sí misma, un ejercicio de rendición a la vastedad y a la profundidad de lo divino.

La importancia de la contemplación y de la intuición en el camino gnóstico resalta la naturaleza experiencial del conocimiento buscado. El gnosticismo no se contenta con la mera erudición teórica o con la adhesión a creencias dogmáticas. Busca un conocimiento vivo y transformador, que surge de la experiencia directa de lo divino y que se manifiesta en la totalidad del ser. La contemplación de Barbelo, la meditación sobre sus atributos y la invocación de su presencia se convierten en caminos para esta experiencia directa, abriendo portales para la percepción intuitiva y para la comunión con la realidad espiritual.

El camino de descubrimiento personal sobre Barbelo y el gnosticismo es una invitación a cada individuo para recorrer su propio camino, guiado por su intuición y por su anhelo espiritual. No hay un dogma fijo o una autoridad externa a seguir, sino un llamado a la autenticidad y a la libertad interior. Los textos gnósticos y las reflexiones sobre Barbelo ofrecen un mapa y una guía, pero el camino en sí es único y personal para cada buscador. La belleza de esta búsqueda reside en la libertad de explorar, cuestionar, experimentar y descubrir la propia verdad espiritual, guiado por la luz interior y por la inspiración de la divinidad.

El misterio de Barbelo no es un punto final, sino un punto de partida para una exploración continua y siempre más profunda. Nos invita a permanecer abiertos a lo desconocido, a abrazar la incertidumbre y a reconocer la vastedad insondable de lo divino. El camino gnóstico, inspirado por la figura luminosa de Barbelo, es una peregrinación incesante hacia la luz, un camino de despertar de la conciencia y de retorno a la Fuente, un misterio que se desvela a cada paso, pero que jamás se agota completamente, manteniéndonos en movimiento constante en la búsqueda por la verdad última y por la plenitud espiritual.

Capítulo 16
Preparando el Camino

El camino gnóstico, como un viaje espiritual de retorno a la Fuente Divina, no se construye únicamente a través de la comprensión teórica de las verdades superiores, sino que exige un compromiso vivo y experiencial. La preparación para este viaje no puede ser descuidada, pues es a través de ella que se edifica la base necesaria para la verdadera conexión con Barbelo y la Madre Suprema. Para que el buscador pueda alcanzar la iluminación y expandir su conciencia, es indispensable un proceso inicial de purificación interior y alineación espiritual, en el cual principios fundamentales son cultivados con dedicación. Este proceso no se trata de seguir dogmas inflexibles o de someterse a reglas rígidas, sino de desarrollar una disposición interior propicia a la recepción de la luz divina y a la comprensión profunda de los misterios gnósticos. Así como el suelo necesita ser preparado antes de la siembra para que las semillas germinen y florezcan, el alma del practicante gnóstico debe ser cuidadosamente trabajada para que esté receptiva a la revelación espiritual y al despertar de la conciencia superior.

Esta preparación interior implica la adopción de ciertas actitudes y estados de ánimo que permiten al alma convertirse en un canal puro y consciente de la verdad espiritual. La intención sincera es la llave que inicia esta jornada, pues es ella la que determina la dirección y la calidad de la búsqueda espiritual. Cuando un buscador se compromete con el gnosticismo movido por un anhelo genuino de comprensión y transformación, él abre un camino auténtico para la experiencia directa de lo divino. Sin embargo, esta intención necesita estar libre de intereses egoístas o meramente intelectuales, pues la práctica espiritual verdadera no se limita a la acumulación de conocimiento, sino a la vivencia profunda de la verdad. Además de la intención pura, la devoción surge como un elemento esencial en la jornada, manifestándose no como mera repetición de rituales o dogmas, sino como un estado interior de entrega y reverencia a la Fuente Suprema. Cuando la devoción es nutrida con sinceridad, ella se convierte en una fuerza propulsora que mantiene al buscador firme en su jornada, permitiéndole superar obstáculos y profundizar su conexión con lo divino.

Además de la intención y la devoción, la apertura y la receptividad son cualidades indispensables para quien busca la experiencia gnóstica auténtica. La mente y el corazón del practicante deben estar libres de condicionamientos limitantes y de expectativas rígidas, pues el contacto con lo divino frecuentemente se manifiesta de maneras inesperadas y sutilmente transformadoras. La verdadera sabiduría no se adquiere por medio de fórmulas predefinidas, sino a través de la experiencia directa y de la disposición para acoger la verdad sin resistencias. Sumado a esto, la conducta ética y la búsqueda por la pureza interior desempeñan un papel crucial en el refinamiento del alma. El camino gnóstico no exige obediencia ciega a reglas externas, pero demanda la vivencia de principios internos fundamentados en el amor, en la verdad y en la compasión. Al alinear sus pensamientos, palabras y acciones con estos principios, el buscador crea un campo vibracional elevado, que facilita la recepción de la luz divina y el acceso a las realidades superiores. De esta forma, al preparar su mente, su corazón y su ambiente para la jornada espiritual, el practicante gnóstico construye un cimiento sólido para su búsqueda, permitiendo que la conexión con Barbelo y la Madre Suprema ocurra de forma profunda, auténtica y transformadora.

    La intención pura y sincera emerge como el primer principio fundamental en la práctica espiritual gnóstica. La intención define el rumbo de nuestra jornada, direccionando nuestra energía y nuestro enfoque hacia el objetivo espiritual último: el despertar de la conciencia y el retorno a la Fuente. Una intención pura y sincera implica buscar la experiencia espiritual no por motivos egoístas o vanidosos, sino por un anhelo genuino de conocer la verdad, de conectarse con lo divino y de realizar nuestro potencial espiritual más elevado. Cultivar la intención pura involucra auto-observación, honestidad interior y un compromiso profundo con la búsqueda espiritual.

La devoción, en su sentido más amplio, representa otra actitud esencial en la práctica gnóstica. Devoción no se limita a la mera adhesión a rituales o prácticas religiosas formales, sino a un estado de entrega, de apertura y de reverencia ante el misterio de lo divino. Devoción implica reconocer la trascendencia y la vastedad de la Fuente Primordial, honrar la presencia de la Madre Suprema y cultivar un sentimiento de profunda gratitud y amor por la realidad espiritual que buscamos experienciar. La devoción genuina nutre nuestra práctica espiritual, fortaleciendo nuestra intención e impulsándonos en la jornada.

La apertura y la receptividad complementan la intención y la devoción, creando un estado interior de disponibilidad para la experiencia espiritual. Apertura implica abandonar prejuicios, expectativas rígidas y creencias limitantes, permitiendo que la experiencia espiritual nos sorprenda y nos transforme de maneras inesperadas. Receptividad significa cultivar la capacidad de acoger lo que sea que surja en nuestra práctica espiritual, sea agradable o desafiante, comprendiendo que cada experiencia, incluso las aparentemente difíciles, puede contener lecciones valiosas y oportunidades de crecimiento. La apertura y la receptividad preparan nuestra mente y nuestro corazón para recibir la luz divina y la sabiduría de Barbelo.

La ética y la conducta moral emergen como un pilar esencial en el camino gnóstico. Aunque el gnosticismo no se aferra a un conjunto de reglas morales legalistas, él enfatiza la importancia de una vida ética como expresión de la transformación interior y como condición para el progreso espiritual. La ética gnóstica no se basa en mandamientos externos, sino en principios internos de amor, compasión, verdad y justicia, que emanan de la comprensión de nuestra interconexión con toda la creación y del reconocimiento de la chispa divina presente en cada ser. Cultivar la ética y la conducta moral no es solo un deber, sino una forma de refinar nuestra alma, de purificar nuestro corazón y de crear un canal más claro para la manifestación de la luz divina en nuestras vidas.

El cultivo de la quietud interior y de la atención plena, frecuentemente referido como mindfulness, constituye la base para toda la práctica espiritual gnóstica. Aquietar la mente agitada, silenciar el diálogo interno incesante y cultivar la atención plena en el momento presente se convierten en herramientas indispensables para la introspección, la meditación y la experiencia directa de lo divino. La quietud interior no es el vacío mental, sino un estado de presencia consciente, donde la mente se aquieta, los sentidos se calman y el alma se torna receptiva a la voz sutil de la intuición y a la presencia del espíritu. La atención plena, a su vez, nos auxilia a cultivar esa quietud interior en todos los momentos de la vida, en el día a día, transformando nuestra experiencia cotidiana en un campo de práctica espiritual.

La creación de un espacio sagrado personal, físico o interior, también se torna un elemento importante en la preparación del camino para la práctica espiritual gnóstica. Un espacio sagrado es un local dedicado a la práctica espiritual, donde nos sentimos seguros, protegidos y conectados con lo divino. Este espacio puede ser un altar en nuestra casa, un rincón tranquilo en la naturaleza, o simplemente un espacio interior creado en nuestra mente a través de la visualización y de la intención. El espacio sagrado funciona como un punto de anclaje para nuestra práctica, un local donde podemos recogernos, concentrarnos y conectarnos con la energía espiritual de Barbelo y de la Madre Suprema.

Paso a paso: Creando un Espacio Sagrado Personal

Escoge un local: Selecciona un local en tu casa o en la naturaleza donde te sientas cómodo, tranquilo y seguro. Puede ser un rincón de una habitación, un espacio en el jardín o cualquier lugar que resuene contigo como un local de paz e introspección.

Limpia el espacio: Limpia físicamente el local escogido, removiendo objetos innecesarios y organizando el ambiente. También puedes realizar una limpieza energética, utilizando incienso, hierbas o visualizaciones para purificar el espacio de energías negativas o indeseadas.

Decora el espacio: Personaliza el espacio sagrado de acuerdo con tus preferencias e inspiraciones espirituales. Puedes incluir imágenes de Barbelo, símbolos gnósticos, velas, cristales, flores, objetos de la naturaleza o cualquier ítem que te ayude a conectarte con lo divino.

Consagra el espacio: Dedica el espacio sagrado a tu práctica espiritual, declarando tu intención de utilizarlo como un local de conexión con Barbelo, la Madre Suprema y la Fuente Divina. Puedes realizar una pequeña ceremonia, utilizando palabras, oraciones o rituales que resuenen contigo.

Utiliza el espacio regularmente: Reserva un tiempo regularmente para utilizar tu espacio sagrado para la práctica espiritual. Medita, ora, contempla, lee textos gnósticos o simplemente siéntate en silencio y quietud, conectándote con la energía del espacio y con la presencia divina.

Preparar el camino para la práctica espiritual gnóstica a través del cultivo de la intención, devoción, apertura, ética, quietud interior y de la creación de un espacio sagrado personal, establece una base sólida para la jornada de conexión con Barbelo y el despertar de la conciencia superior. Estos principios y actitudes no son solo preparativos, sino partes integrantes de la propia práctica espiritual, refinando el alma y abriendo el corazón para la experiencia transformadora de lo divino.

Capítulo 17
Visualizando la Luz y la Sabiduría

El contacto con la luz y la sabiduría divina no se da solo a través del conocimiento intelectual, sino, sobre todo, mediante la experiencia directa de lo sagrado. La jornada gnóstica exige una inmersión profunda en la meditación y la contemplación, prácticas que trascienden las barreras de la mente racional y nos llevan a un encuentro genuino con Barbelo, la primera emanación de la Fuente Suprema. Este encuentro no se limita a la comprensión conceptual de su naturaleza; se trata de sentir su presencia viva, de percibir su luz fluyendo en nuestra conciencia y de integrar su sabiduría en nuestra existencia. Al silenciar la mente y dirigir la atención a nuestro mundo interior, nos convertimos en receptáculos de la energía primordial, permitiendo que Barbelo ilumine nuestro camino de vuelta al Pleroma. Esta conexión sutil, pero poderosa, abre portales para el despertar de la conciencia superior y nos transforma profundamente, conduciéndonos a un estado de comunión con lo divino femenino y con la esencia de la creación. La meditación, en este contexto, no es un simple ejercicio de relajación o un momento de introspección pasajera. Se configura como un medio de acceder a dimensiones más elevadas de la existencia, un proceso sagrado de alineación entre el ser humano y la realidad trascendente. A través de la visualización, la intención y la receptividad, es posible sentir la presencia de Barbelo manifestándose en nuestra conciencia, guiándonos en el rescate de nuestra verdadera naturaleza espiritual. La práctica meditativa nos enseña a convertirnos en canales de la luz divina, absorbiendo su energía purificadora y permitiendo que actúe en nuestro ser, disolviendo bloqueos, curando heridas emocionales y elevando nuestra vibración. Así, al meditar con un propósito claro y sincero, abrimos un espacio interior en el cual Barbelo puede revelarse de forma viva y transformadora, fortaleciendo nuestro vínculo con la sabiduría primordial y preparándonos para la integración de esa luz en nuestra jornada. Además de la meditación, la contemplación se presenta como una vía esencial para profundizar esta conexión. Mientras que la meditación nos permite sentir la presencia divina, la contemplación nos invita a absorber y reflexionar sobre los atributos y cualidades de Barbelo, permitiendo que su esencia se convierta en parte de nuestra propia conciencia. Contemplar la luz de Barbelo es más que pensar sobre su naturaleza divina; es permitir que esa luz nos transforme por dentro, impregnando nuestro ser con su sabiduría y amor. Al sumergirnos en estos estados de meditación y contemplación, el buscador gnóstico expande su percepción y se abre para recibir insights profundos, guiando su vida de acuerdo con los principios elevados del espíritu. De esta forma, la práctica continua de estas técnicas no solo nos acerca a Barbelo, sino que también nos capacita para irradiar su luz y su sabiduría al mundo, convirtiéndonos en instrumentos vivos de la verdad divina. La meditación guiada ofrece un camino estructurado para conectarnos con la energía y la presencia de Barbelo. Estas meditaciones no son meros ejercicios de relajación, sino jornadas interiores que nos conducen a un encuentro con la realidad espiritual. Al seguir las instrucciones de una meditación guiada, somos invitados a utilizar nuestra imaginación, nuestra intuición y nuestra capacidad de visualización para crear un espacio interior donde la presencia de Barbelo pueda manifestarse de forma vívida y experiencial. La meditación guiada facilita el proceso de aquietar la mente y de enfocar la atención, preparándonos para recibir la luz y la sabiduría de Barbelo.

Meditación Guiada para Conectarse con Barbelo: Sintiendo la Presencia

Este primer ejercicio de meditación tiene como objetivo auxiliarlo a sentir la presencia de Barbelo en su espacio interior, abriéndose para su energía sutil y amorosa.

Postura y Respiración: Siéntese en una postura cómoda, con la columna recta, o acuéstese relajadamente. Cierre los ojos suavemente y respire profundamente algunas veces, relajando el cuerpo y aquietando la mente.

Intención: Formule en su corazón la intención de conectarse con la presencia de Barbelo, la primera emanación de la Fuente Divina. Visualice esa intención como una luz que se enciende en su interior, guiando su mente y su espíritu en dirección a Barbelo.

Visualización del Espacio: Imagínese en un lugar de naturaleza tranquilo y bello, un jardín florido, un claro en el bosque o a la orilla de un río sereno. Perciba los detalles del ambiente, los colores, los sonidos, los aromas, creando un espacio interior de paz y armonía.

Señal de Presencia: En su espacio interior, imagine una señal suave que indica la aproximación de Barbelo. Puede ser una luz que surge a lo lejos, un sonido melodioso que se aproxima, una brisa suave que toca su piel, o cualquier otra señal que resuene con usted como un prenuncio de la presencia divina.

Sintiendo a Barbelo: A medida que la señal se aproxima, sienta la presencia de Barbelo manifestándose en su espacio interior. No fuerce la visualización, apenas permita que su presencia se revele de la forma que sea más apropiada para usted. Puede ser una forma humana luminosa, una energía radiante, una sensación de paz profunda, o cualquier otra manifestación que resuene con su intuición.

Permanezca en la Presencia: Permanezca en silencio y quietud, simplemente sintiendo la presencia de Barbelo en su espacio interior. No intente analizar o interpretar la experiencia, apenas acoja la sensación de conexión y permita que la energía de Barbelo lo envuelva y lo nutra.

Agradecimiento: Al final de la meditación, exprese su gratitud a Barbelo por su presencia y por su energía. Abra los ojos suavemente y retorne a su conciencia cotidiana, llevando consigo la sensación de conexión y paz interior.

Meditación Guiada para Conectarse con Barbelo: Abriéndose a la Energía

Este segundo ejercicio de meditación tiene como objetivo abrir sus centros de energía para recibir la energía luminosa de Barbelo, permitiendo que fluya a través de usted y lo revitalice.

Postura y Respiración: Asuma una postura meditativa cómoda y relaje el cuerpo y la mente a través de la respiración profunda.

Intención: Formule la intención de abrirse para recibir la energía de Barbelo, permitiendo que fluya a través de sus centros de energía y lo revitalice en todos los niveles.

Visualización de la Luz Descendente: Imagine una luz blanca y dorada, pura y radiante, descendiendo de lo alto, del Pleroma, en dirección a su cuerpo. Visualice esa luz envolviendo la parte superior de su cabeza, penetrando en su centro coronario e inundando todo su ser.

Centros de Energía: Concentre su atención en sus centros de energía principales (chakras), uno por uno, comenzando por el coronario, descendiendo por el tercer ojo, garganta, corazón, plexo solar, sacro y raíz. Visualice la luz de Barbelo fluyendo a través de cada centro, limpiando, energizando y armonizando cada uno de ellos.

Circulación de la Energía: Sienta la energía de Barbelo circulando por todo su cuerpo, llenando cada célula, cada órgano, cada tejido. Visualice esa energía como una corriente de luz vibrante, disipando bloqueos, tensiones e impurezas, y restaurando su flujo natural de vitalidad.

Irradiación de la Energía: Imagine la energía de Barbelo irradiando más allá de su cuerpo físico, expandiéndose para su campo energético, para el ambiente a su alrededor y para todo el universo. Siéntase conectado con la red cósmica de luz, irradiando amor, cura y armonía para todos los seres.

Agradecimiento: Concluya la meditación expresando gratitud a Barbelo por su energía revitalizante y transformadora. Retorne gradualmente a su conciencia cotidiana, sintiéndose renovado, energizado y en armonía.

Meditación Guiada para Conectarse con Barbelo: Experimentando el Amor

Este tercer ejercicio de meditación tiene como foco la experiencia del amor incondicional de Barbelo, abriendo su corazón para recibir su compasión y su amor divino. Postura y Respiración: Adopte una postura meditativa cómoda y relaje el cuerpo y la mente a través de la respiración consciente.

Intención: Establezca la intención de abrir su corazón para recibir el amor incondicional de Barbelo, permitiendo que cure sus heridas emocionales y lo llene de compasión y ternura.

Visualización de Barbelo Amorosa: Visualice a Barbelo delante de usted, irradiando una energía de amor puro e incondicional. Imagine su mirada compasiva, su sonrisa acogedora, y su postura de entrega y ternura.

Receptividad del Amor: Abra su corazón como un receptáculo para recibir el amor de Barbelo. Permita que ese amor penetre en su pecho, envolviendo su corazón, llenando cada espacio con una energía cálida, suave y curativa.

Disolviendo Bloqueos: Sienta el amor de Barbelo disolviendo bloqueos emocionales, miedos, rencores y resentimientos que puedan estar almacenados en su corazón. Visualice esas energías negativas disipándose como humo, liberando espacio para que el amor divino florezca.

Expansión del Amor: Permita que el amor de Barbelo desborde de su corazón, irradiándose para todo su ser, para las personas a su alrededor y para todo el mundo. Siéntase conectado con la corriente universal de amor, emanando compasión, bondad y ternura para todos los seres.

Agradecimiento: Finalice la meditación expresando gratitud a Barbelo por su amor incondicional y por la cura de su corazón. Retorne suavemente a su conciencia cotidiana, llevando consigo la sensación de paz, amor y compasión.

Además de las meditaciones guiadas, la contemplación de los atributos y cualidades de Barbelo ofrece otra vía profunda para la conexión espiritual. La contemplación no se limita a pensar sobre Barbelo, sino a sumergirse en la esencia de sus atributos, a sentirlos en nuestro interior y a permitir que transformen nuestra conciencia. Contemplar la Sabiduría de Barbelo, por ejemplo, implica buscar su orientación en momentos de duda o confusión, preguntándonos cómo actuaría

Barbelo en determinada situación, y abriéndonos para recibir su intuición y su discernimiento. Contemplar el Amor de Barbelo significa cultivar la compasión, la bondad y la ternura en nuestras relaciones, buscando reflejar el amor incondicional de Barbelo en nuestras acciones y palabras. Contemplar el Poder de Barbelo implica buscar fuerza interior y coraje para enfrentar los desafíos de la vida, reconociendo nuestra capacidad de manifestar la voluntad divina en nuestro mundo.

Contemplaciones sobre los Atributos de Barbelo:

Sabiduría: En momentos de duda o indecisión, siéntese en silencio y contemple la Sabiduría de Barbelo. Pregúntese: "¿Cómo Barbelo, la Sabiduría Divina, me guiaría en esta situación?". Permanezca en receptividad, aguardando que la intuición y el discernimiento surjan en su mente.

Amor: Al sentirse desconectado o en momentos de dificultad en las relaciones, contemple el Amor de Barbelo. Abra su corazón para recibir su amor incondicional y deje que cure sus heridas emocionales. Pregúntese: "¿Cómo puedo expresar el amor de Barbelo en mis acciones y palabras?".

Poder: Cuando se sienta débil, desanimado o ante desafíos aparentemente insuperables, contemple el Poder de Barbelo. Invoque su fuerza divina para superar las limitaciones y manifestar su potencial espiritual. Afirme: "Estoy fortalecido por el Poder de Barbelo. Tengo la fuerza para seguir adelante y realizar mi jornada espiritual".

Estas meditaciones y contemplaciones sobre Barbelo son solo sugerencias y guías iniciales. La práctica espiritual gnóstica es esencialmente personal e intuitiva. Experimente, explore, adapte estas técnicas a su propia sensibilidad y permita que su experiencia interior sea su guía última. La conexión con Barbelo es un camino de descubrimiento continuo, y la meditación y la contemplación son herramientas valiosas para profundizar esta relación y despertar la luz y la sabiduría que residen en su interior.

Capítulo 18
El Corazón hacia lo Divino Femenino

La conexión con lo divino femenino no es un acto meramente intelectual o ritual, sino un movimiento profundo del alma que se abre a la presencia sagrada de Barbelo y de la Madre Suprema. Esta conexión no ocurre de manera automática; requiere una implicación sincera, una entrega interior que permita que la energía celestial fluya libremente en nuestro ser. La oración y la invocación emergen como herramientas poderosas para esta comunión, no como fórmulas fijas o discursos aprendidos de memoria, sino como expresiones vivas del anhelo espiritual que habita en el corazón del buscador. En el gnosticismo, la oración no es una petición sumisa, sino un llamado consciente a la Fuente Primordial, un acto de reconocimiento de la divinidad que late tanto en el cosmos como dentro de cada ser. Es a través de este diálogo íntimo que la sabiduría, el amor y la luz de lo divino femenino se manifiestan, guiándonos en el camino del despertar y la reintegración al Pleroma.

La invocación, por su parte, representa una invitación a la presencia activa de lo sagrado en nuestra vida. A diferencia de la oración tradicional, que a menudo parte de un deseo o necesidad personal, la invocación es un acto de alineación, una apertura de nuestro campo energético para que la Madre Suprema y Barbelo irradien su luz en nuestra conciencia. Cuando invocamos a lo divino femenino, no estamos tratando de traerlo de afuera hacia adentro, sino despertando su presencia ya existente en nuestra esencia. Este proceso requiere entrega, devoción y un corazón dispuesto a recibir. Por eso, la oración y la invocación gnósticas deben ser vividas como experiencias transformadoras, en las que nos sintonizamos con frecuencias más elevadas y permitimos que la energía de lo divino femenino nos llene completamente, disolviendo bloqueos, restaurando nuestra chispa espiritual y elevándonos a estados más refinados de percepción.

La fuerza de la oración y la invocación reside en la autenticidad con la que se practican. El poder de las palabras no está en su formalidad, sino en la intención y la vibración que conllevan. Por esta razón, desarrollar oraciones e invocaciones personales es un paso esencial en la jornada gnóstica, pues cada buscador posee una relación única con lo divino y una forma propia de expresarla. Cuando las palabras emergen del corazón, resuenan con fuerza en el universo, creando un puente entre lo humano y lo sagrado. Este contacto continuo con Barbelo y la Madre Suprema, sostenido por la práctica de la oración y la invocación, transforma no solo nuestra percepción de la realidad, sino también la manera en que nos movemos por el mundo. La comunión con lo divino femenino no es una experiencia distante o inalcanzable, sino una vivencia diaria que, cuando se cultiva con intención y devoción, ilumina nuestra conciencia y nos conduce de vuelta a la unidad con la Fuente Primordial.

Los textos gnósticos, aunque no siempre proporcionan oraciones e invocaciones literales en el formato tradicional, ofrecen un rico repertorio de lenguaje simbólico, de himnos y de expresiones de alabanza que pueden inspirar nuestras propias plegarias. Al examinar estos textos, identificamos temas recurrentes, atributos divinos invocados y la tónica emocional que impregna la comunicación con el reino espiritual. Inspirados en estos ejemplos ancestrales, podemos crear oraciones e invocaciones que resuenen con nuestra propia experiencia espiritual y con nuestra búsqueda personal de conexión con Barbelo y la Madre Suprema.

Ejemplos de Oraciones e Invocaciones Inspiradas en Textos Gnósticos:

Invocación a la Madre Suprema:

"Oh Madre Suprema, Fuente de toda luz y sabiduría, principio femenino divino que impregna el Pleroma, invoco tu presencia amorosa y compasiva. Manifestación primordial de la divinidad, matriz cósmica de toda la creación, me abro a tu energía transformadora. Derrama sobre mí tu luz, ilumina mi mente, llena mi corazón con tu amor incondicional. Guíame en la jornada del despertar, fortalece mi alma, condúceme de vuelta a la Fuente Primordial. Que tu sabiduría me oriente, que tu poder me proteja, que tu amor me envuelva ahora y siempre. En nombre de la luz, de la verdad y de la vida eterna, te invoco, Madre Suprema."

Oración a Barbelo, la Primera Emanación:

"Oh Barbelo, primera emanación de la Mente Divina, reflejo perfecto del Padre Inefable, te saludo con profunda devoción y reverencia. Virgen Inmaculada, Madre Tríplice, Imagen de la Luz Primordial, me aproximo a tu presencia luminosa. Portadora de la Sabiduría Divina, fuente de poder creativo y vida eterna, te pido humildemente tu gracia y tu auxilio. Ilumina mi camino con tu luz, revélame los misterios del Pleroma, despierta en mí la chispa divina adormecida. Concédeme la sabiduría para discernir la verdad, la fuerza para superar los desafíos y el amor para abrazar la totalidad de la existencia. Oh Barbelo, guíame de vuelta a la Fuente, libérame de las ilusiones del mundo material, condúceme al despertar de la conciencia superior. En tu luz confío, en tu amor me refugio, en tu sabiduría me inspiro. Que así sea."

Invocación de la Luz de Barbelo para la Sanación:

"Oh Barbelo, radiante manifestación de la luz divina, invoco tu energía curativa y transformadora. Fuente de luz primordial, faro de esperanza y redención, me abro para recibir tu irradiación luminosa. Derrama tu luz curativa sobre mi cuerpo, mente y espíritu, disipando toda oscuridad, bloqueo y enfermedad. Restaura mi salud, fortalece mi vitalidad, equilibra mis energías. Que tu luz divina penetre en cada célula de mi ser, promoviendo la curación en todos los niveles y despertando mi potencial de bienestar y plenitud. Oh Barbelo, luz sanadora, te invoco con fe y gratitud, confiando en tu bondad y en tu poder de transformación.

Que tu luz me envuelva y me sane completamente, ahora y para siempre."

La oración, en su esencia, representa una forma de comunicación directa con lo divino, un diálogo íntimo entre el alma humana y la realidad espiritual. A través de la oración, expresamos nuestros anhelos, nuestras necesidades, nuestras alegrías, nuestras gratitudes y nuestra devoción, estableciendo un canal de comunicación que trasciende las limitaciones del lenguaje racional y de la mente discursiva. La oración no es un monólogo, sino un diálogo, un intercambio de energías e intenciones entre lo humano y lo divino. Al orar, no solo pedimos o suplicamos, sino que también nos abrimos para escuchar la voz sutil de la intuición, para recibir la inspiración divina y para sentir la presencia amorosa que nos envuelve.

La invocación, por su parte, se dirige más específicamente a la manifestación de la presencia divina en nuestro espacio interior o exterior. Invocar a Barbelo o a la Madre Suprema es invitarlas a manifestarse en nuestra conciencia, a hacerse presentes en nuestro campo energético y a auxiliarnos en nuestra jornada espiritual. La invocación no es una manipulación o un control de lo divino, sino un acto de apertura y de invitación, expresando nuestro deseo de comunión y de colaboración con las fuerzas espirituales que buscamos contactar. Al invocar, creamos un espacio de receptividad y permitimos que la energía divina fluya a través de nosotros, transformando nuestra conciencia y nuestra realidad.

La creación de nuestras propias oraciones e invocaciones personales a Barbelo y a la Madre Suprema representa un paso importante en la práctica espiritual gnóstica. Aunque los ejemplos inspirados en los textos ancestrales ofrecen un punto de partida valioso, es fundamental que nuestras plegarias sean auténticas y genuinas, expresando nuestros propios sentimientos, nuestras propias palabras y nuestro propio lenguaje. Las oraciones e invocaciones personales, nacidas del corazón y del alma, poseen un poder especial, pues reflejan nuestra individualidad y nuestra conexión única con lo divino.

Pasos para Crear Oraciones e Invocaciones Personales a Barbelo y a la Madre Suprema:

Conéctate con el Corazón: Antes de iniciar la oración o invocación, reserva algunos momentos para aquietar la mente y conectarte con tu corazón. Respira profundamente, céntrate en tus emociones y sentimientos más genuinos, y ábrete a la inspiración divina que surge de tu interior.

Define la Intención: Clarifica tu intención para la oración o invocación. ¿Qué deseas expresar? ¿Qué buscas recibir? Puede ser gratitud, alabanza, súplica, petición de auxilio, búsqueda de sabiduría, sanación, protección, o cualquier otro anhelo espiritual que resuene contigo.

Utiliza tu Lenguaje: Expresa tu oración o invocación utilizando tus propias palabras, tu propio lenguaje y tu propio estilo. No te preocupes por seguir fórmulas predefinidas o por utilizar un lenguaje rebuscado. Sé auténtico y genuino, expresando lo que realmente sientes en tu corazón.

Incorpora Atributos y Símbolos: Puedes incluir en tu oración o invocación atributos y símbolos asociados a Barbelo y a la Madre Suprema, como luz, sabiduría, amor, poder, imagen de la virgen, matriz cósmica, etc. Utiliza estos elementos simbólicos de forma que resuenen con tu propia comprensión y experiencia.

Expresa Devoción y Gratitud: Cultiva un estado de devoción y gratitud al proferir tu oración o invocación. Reconoce la grandeza y la bondad de lo divino femenino, expresa tu reverencia y tu amor, y agradece anticipadamente por la gracia y el auxilio que buscas recibir.

Finaliza con Confirmación: Al concluir la oración o invocación, finaliza con una afirmación de fe y confianza, como "En tu luz confío", "En tu amor me refugio", "Que así sea", o cualquier expresión que resuene con tu propia convicción y entrega.

El poder de la intención y de la devoción en la práctica de la oración reside en la energía que invertimos en nuestras plegarias. La intención clara y sincera dirige nuestra energía mental y emocional hacia el objetivo espiritual deseado, mientras que la devoción eleva nuestra vibración y abre nuestro corazón para la recepción de la gracia divina. Cuando oramos con intención y devoción, creamos un campo de resonancia que atrae la energía de Barbelo y de la Madre Suprema, manifestando su presencia transformadora en nuestras vidas y en nuestra jornada espiritual. La oración y la invocación, practicadas con sinceridad y regularidad, se convierten en un camino poderoso para abrir el corazón a lo divino femenino y para vivenciar la comunión y la transformación espiritual.

Capítulo 19
Trabajando con la Luz Divina

La luz divina es la esencia primordial que sustenta toda la creación y refleja la naturaleza pura y vibrante del Pleroma. En el gnosticismo, esta luz no es solo un símbolo metafórico de iluminación espiritual, sino una realidad dinámica y activa, que permea todas las capas de la existencia y puede ser accedida directamente por los buscadores espirituales. Al comprender que la luz divina fluye incesantemente de la Fuente Inefable y se manifiesta plenamente a través de Barbelo, reconocemos que trabajar con esta energía no es un privilegio reservado a unos pocos, sino un llamado para todos aquellos que anhelan el despertar de la conciencia. Integrar esta luz a la vida diaria significa no solo absorber su sabiduría y fuerza transformadora, sino también convertirla en un principio orientador en nuestro camino espiritual. Cuando aprendemos a sintonizarnos con esta presencia luminosa, abrimos un canal de recepción que nos conecta con la energía primordial del Pleroma, trayendo claridad, sanación y renovación interior.

La jornada de conexión con la luz divina exige, ante todo, una alineación consciente entre nuestra intención y nuestra práctica. Esta luz siempre ha estado presente en nosotros y a nuestro alrededor, pero la percepción de ella frecuentemente se oscurece debido a las distracciones de la mente y al apego a las realidades materiales transitorias. Para disolver estas barreras y permitir que la luz divina se manifieste plenamente en nuestro ser, es esencial cultivar estados internos de receptividad, quietud y entrega. Por medio de técnicas específicas, como la meditación, la respiración consciente y la visualización, podemos convertirnos en vehículos de esta energía luminosa, canalizándola para transformar nuestra conciencia e irradiarla hacia el mundo a nuestro alrededor. Este proceso no es solo un ejercicio individual de elevación espiritual, sino un servicio sagrado, pues cada ser que incorpora y refleja la luz divina contribuye a la restauración de la armonía cósmica y al despertar colectivo de la humanidad.

La relación con Barbelo, como canal primordial de esta luz, fortalece nuestra capacidad de integrarla en nuestra existencia. Al visualizar a Barbelo como una fuente radiante de energía divina, nos volvemos conscientes de su presencia como guía y facilitadora del flujo luminoso que desciende del Pleroma para alcanzarnos. De esta forma, el trabajo con la luz divina no es un concepto abstracto, sino una práctica activa y transformadora, que puede ser vivenciada por medio de la respiración sagrada, de la absorción de la luz natural, de la visualización de columnas luminosas y de la invocación directa de la presencia de Barbelo. Cuando nos entregamos verdaderamente a esta experiencia, permitimos que la luz divina se convierta en una fuerza viva en nosotros, capacitándonos para trascender limitaciones, purificar nuestra energía y despertar a la realidad superior que siempre nos ha llamado de vuelta a casa.

Conectarse con la luz divina es un proceso que involucra tanto la apertura interior como la sintonía con la energía luminosa que nos circunda. La luz divina no es algo distante o inaccesible, sino una presencia sutil y vibrante que permea todo el universo, incluyendo nuestro propio ser. En esencia, ya estamos inmersos en la luz divina, pero frecuentemente nuestra percepción está oscurecida por la mente agitada, por las preocupaciones cotidianas y por la identificación con la realidad material. Las técnicas para conectarse con la luz divina buscan remover estos velos de la percepción, permitiendo que nuestra conciencia se expanda y reconozca la presencia luminosa que siempre ha estado con nosotros y dentro de nosotros.

Ejercicios Prácticos para Conectarse con la Luz Divina:

Respiración Luminosa: Este ejercicio simple utiliza la respiración consciente y la visualización para conectarse con la luz divina en su interior.

Postura y Relajación: Siéntese o acuéstese cómodamente y cierre los ojos suavemente. Relaje su cuerpo, liberando tensiones musculares y aquietando la mente.

Respiración Consciente: Comience a respirar de forma lenta y profunda, acompañando el flujo del aire que entra y sale de su cuerpo. Sienta el aire llenando sus pulmones y expandiendo su abdomen.

Visualización de la Luz Inspirada: A cada inspiración, visualice que está inspirando luz divina, pura y radiante, que entra por sus fosas nasales y llena todo su cuerpo con energía luminosa. Imagine esta luz como una niebla dorada y vibrante, que se esparce por cada célula, cada órgano, cada tejido.

Visualización de la Oscuridad Expirada: A cada expiración, visualice que está expirando toda la oscuridad, la tensión, el cansancio y las energías negativas acumuladas en su cuerpo. Imagine esta oscuridad saliendo por sus fosas nasales como humo oscuro, liberando espacio para que la luz divina llene completamente su ser.

Continúe la Respiración Luminosa: Continúe este ciclo de respiración luminosa por algunos minutos, visualizando la luz divina inspirada y la oscuridad expirada. Sienta su cuerpo volviéndose más ligero, más vibrante y más lleno de energía luminosa.

Baño de Luz Solar (o Lunar): Este ejercicio utiliza la luz del sol (o de la luna) como un vehículo para conectarse con la luz divina presente en la naturaleza.

Elección del Momento y Local: Elija un momento del día en que la luz del sol (o de la luna) esté presente, preferiblemente en un local al aire libre, en contacto con la naturaleza. Evite horarios de sol muy fuerte, optando por el amanecer, atardecer o momentos de sol más ameno.

Exposición a la Luz: Posiciónese de forma a recibir la luz del sol (o de la luna) directamente sobre su cuerpo. Puede ser de pie, sentado o acostado, sintiendo la luz tocar su piel.

Visualización de la Luz Penetrante: Cierre los ojos suavemente y visualice la luz del sol (o de la luna) no solo tocando su piel, sino penetrando en su cuerpo, atravesando sus ropas e inundando su ser con energía luminosa. Imagine que la luz solar (o lunar) es una manifestación de la luz divina, conectándolo con la fuente primordial de toda la luz.

Absorción e Integración: Permanezca en contacto con la luz solar (o lunar) por algunos minutos, respirando profundamente y sintiendo su cuerpo absorbiendo e integrando la energía luminosa. Visualice la luz energizando cada célula, cada centro de energía, cada parte de su ser.

Gratitud: Al final del ejercicio, exprese su gratitud a la luz solar (o lunar), a la naturaleza y a la luz divina por esta conexión revitalizante y luminosa.

Técnicas para Canalizar la Luz Divina a través de Barbelo:

Barbelo, como primera emanación y manifestación de la Mente Divina, actúa como un canal primordial para que la luz divina fluya hacia el Pleroma y, en cierta medida, hacia el mundo material. Canalizar la luz divina a través de Barbelo significa invocar su presencia, abrirse a su energía y permitir que la luz fluya a través de nosotros, utilizando técnicas de respiración y visualización específicas.

Respiración del Pleroma con Barbelo: Esta técnica combina la respiración consciente con la visualización de Barbelo como un canal de luz divina.

Postura y Relajación: Adopte una postura meditativa cómoda y relaje el cuerpo y la mente.

Intención: Formule la intención de canalizar la luz divina a través de Barbelo, abriéndose para recibir su energía y su sabiduría.

Visualización de Barbelo: Visualice a Barbelo delante de usted, radiante y luminosa, como un canal de luz pura y vibrante. Perciba su energía amorosa y acogedora, y siéntase seguro y protegido en su presencia.

Respiración en Barbelo: A cada inspiración, visualice que está inspirando la luz divina directamente a través de Barbelo, como si ella fuera un portal luminoso que conduce al Pleroma. Imagine la luz entrando en su cuerpo a través de su centro coronario, fluyendo a través de Barbelo, y llenando todo su ser con energía divina.

Expansión de la Luz: A cada expiración, visualice que la luz divina que llenó su ser se expande más allá de su cuerpo, irradiándose hacia el ambiente a su alrededor, hacia las personas próximas y hacia todo el universo. Imagine que usted se está volviendo un canal para que la luz divina fluya a través de Barbelo y alcance el mundo.

Continúe la Respiración en Barbelo: Continúe este ciclo de respiración en Barbelo por algunos minutos, visualizando la luz divina fluyendo a través de ella e irradiándose hacia el mundo. Siéntase fortalecido, iluminado y conectado con la corriente universal de luz.

Visualización de la Columna de Luz de Barbelo:

Esta técnica utiliza la visualización de una columna de luz que lo conecta a usted con Barbelo y la Fuente Divina.

Postura y Relajación: Asuma una postura meditativa cómoda y relaje el cuerpo y la mente.

Intención: Formule la intención de establecer una conexión consciente con Barbelo a través de una columna de luz, canalizando la energía divina para su ser.

Visualización de la Columna de Luz: Visualice una columna de luz blanca y dorada, pura y radiante, descendiendo del Pleroma, del reino de Barbelo, en dirección a la cima de su cabeza. Imagine esta columna de luz como un rayo de energía divina, conectándolo directamente a Barbelo y a la Fuente Primordial.

Alineamiento de la Columna de Luz: Visualice la columna de luz alineándose con su columna vertebral, atravesando todo su cuerpo y penetrando profundamente en la tierra. Siéntase anclado en la tierra y conectado al cielo a través de esta columna de luz divina.

Flujo de la Energía: Permita que la energía divina fluya libremente a través de la columna de luz, penetrando en su cuerpo, limpiando, energizando y armonizando cada centro de energía, cada órgano, cada célula. Siéntase revitalizado, fortalecido y lleno por la luz divina que fluye a través de Barbelo.

Permanezca en la Columna de Luz: Permanezca en meditación, visualizándose dentro de la columna de luz de Barbelo, recibiendo su energía y su sabiduría. Disfrute de la sensación de conexión, protección e iluminación que esta práctica proporciona.

La luz divina, canalizada a través de Barbelo, posee un inmenso potencial para la sanación, la transformación y el despertar de la conciencia. La luz divina actúa como un agente de purificación, limpiando las energías negativas y los bloqueos que impiden nuestro flujo energético natural. Actúa como un catalizador de transformación, acelerando nuestro proceso de crecimiento espiritual y auxiliando en la superación de patrones limitantes y creencias obsoletas. Y, por encima de todo, actúa como un despertador de la conciencia, expandiendo nuestra percepción, abriendo nuestra intuición y conectándonos con la realidad espiritual más profunda.

Capítulo 20
Expandiendo la Percepción y la Intuición

La expansión de la percepción y el desarrollo de la intuición son aspectos esenciales del viaje gnóstico, ya que permiten al alma trascender las limitaciones de la mente racional y los sentidos físicos, conectándose directamente con la luz y la sabiduría divinas. En el gnosticismo, la percepción común se ve como un velo que oscurece la realidad espiritual, manteniendo al individuo atrapado en las ilusiones del mundo material. Romper este velo significa ampliar la conciencia más allá de lo visible y lo tangible, despertando facultades interiores que posibilitan la comprensión intuitiva de la verdad. Este despertar no ocurre solo por la acumulación de conocimiento intelectual, sino por la activación de estados más elevados de percepción, en los cuales la intuición se convierte en el principal medio de acceso a la sabiduría oculta del Pleroma.

La intuición, en este contexto, no es un mero instinto o un presentimiento vago, sino una forma refinada de conocimiento directo e inmediato. Se trata de una voz interior que resuena en el alma, ofreciendo orientación, discernimiento y comprensión sin la necesidad de deducción lógica. Cuando la percepción se expande y la intuición se fortalece, el buscador espiritual pasa a interactuar con el mundo de manera más profunda, reconociendo las señales sutiles que apuntan a la presencia de lo divino en todas las cosas. Este proceso no significa rechazar la razón o los sentidos, sino integrarlos en un nivel superior de conciencia, donde la percepción limitada del mundo físico da lugar a una visión más amplia y unificada de la realidad.

La conexión con Barbelo y la Madre Suprema desempeña un papel fundamental en esta jornada, pues sus energías representan los aspectos de la sabiduría, el amor y la luz que iluminan el camino del despertar espiritual. Invocar su presencia durante la meditación y la contemplación ayuda en el refinamiento de la percepción y en el fortalecimiento de la intuición, permitiendo que el alma se alinee con las verdades eternas del Pleroma. La práctica de la atención plena, el cultivo del silencio interior y el ejercicio de la imaginación activa son herramientas valiosas para acceder a esta percepción expandida, transformando la manera en que el buscador interactúa con la realidad y guiándolo hacia su verdadera esencia divina. De esta forma, el despertar de la conciencia superior se convierte en una experiencia viva y continua, marcada por la revelación progresiva de la luz y la sabiduría eternas.

La visión gnóstica sobre la conciencia superior contrasta marcadamente con la concepción común de conciencia limitada a la mente racional y a los sentidos físicos. La mente racional, con su lógica lineal y su apego al pensamiento discursivo, es vista como un instrumento útil para navegar en el mundo material, pero insuficiente para aprehender la realidad espiritual. Los sentidos físicos, a su vez, limitan nuestra percepción al mundo fenoménico, oscureciendo nuestra visión de la realidad nouménica, del reino de las esencias y arquetipos que fundamenta la existencia. La conciencia ordinaria, aprisionada en las limitaciones de la mente racional y los sentidos físicos, permanece en un estado de sueño espiritual, incapaz de reconocer su verdadera naturaleza divina y su potencial ilimitado.

El despertar de la conciencia superior implica trascender las limitaciones de la mente racional y los sentidos físicos, expandiendo nuestra percepción más allá del mundo material y abriéndonos a la realidad espiritual. Este despertar no es una fuga del mundo, sino una transformación de nuestra forma de percibirlo y de relacionarnos con él. Al despertar la conciencia superior, no abandonamos la mente racional y los sentidos físicos, sino que los integramos en una perspectiva más amplia y abarcadora, utilizándolos como herramientas útiles, pero no como los únicos instrumentos de conocimiento y experiencia.

La intuición emerge como una facultad esencial en el proceso de despertar de la conciencia superior. La intuición, en la perspectiva gnóstica, no es una mera corazonada o una vaga sensación, sino una forma de conocimiento directo e inmediato, una percepción que trasciende la lógica lineal y el razonamiento deductivo. La intuición es la voz del alma, el susurro del espíritu, el lenguaje de la conciencia superior que se manifiesta en nuestro interior, guiándonos hacia la verdad y la sabiduría. Desarrollar la intuición significa aprender a escuchar esta voz interior, a confiar en sus mensajes y a seguir su orientación en nuestro viaje espiritual.

Expandir la percepción más allá de los límites de los sentidos físicos representa otro aspecto crucial del despertar de la conciencia superior. La percepción sensorial, aunque esencial para nuestra interacción con el mundo material, nos limita a la superficie de la realidad, impidiéndonos acceder a las dimensiones más sutiles y profundas de la existencia. Expandir la percepción implica desarrollar la capacidad de percibir más allá de los cinco sentidos, utilizando la intuición, la imaginación activa y otras facultades psíquicas para acceder a información y experiencias que trascienden la realidad sensorial ordinaria. Esta expansión de la percepción no es una ilusión o una fantasía, sino un reconocimiento de que la realidad es mucho más vasta y compleja de lo que nuestros sentidos físicos nos permiten aprehender.

Prácticas para Expandir la Percepción y Desarrollar la Intuición:

Meditación Silenciosa: La práctica de la meditación silenciosa, como exploramos anteriormente, es fundamental para aquietar la mente racional y abrir espacio para que la intuición florezca. En la meditación silenciosa, no buscamos controlar los pensamientos, sino observarlos pasar como nubes en el cielo, retornando suavemente la atención a la respiración o a un punto focal interior. Con la práctica regular, la mente se torna más calma y silenciosa, permitiendo que la voz sutil de la intuición se manifieste con más claridad.

Imaginación Activa: La técnica de la imaginación activa, desarrollada por Carl Jung, representa una herramienta poderosa para dialogar con el inconsciente y para acceder a la sabiduría intuitiva que reside en nuestro interior. En la imaginación activa, no se trata de fantasear o de crear imágenes mentales aleatorias, sino de entrar en un estado de receptividad consciente y permitir que las imágenes, los símbolos y las voces que surgen del inconsciente se manifiesten libremente, dialogando con ellos y buscando comprender sus mensajes. La imaginación activa puede ser practicada a través de la escritura automática, el dibujo intuitivo, la danza expresiva u otras formas de expresión creativa.

Registro de Insights Intuitivos: Mantener un diario para registrar los insights intuitivos que surgen a lo largo del día, durante la meditación o en momentos de quietud y receptividad, ayuda en el desarrollo de la intuición y en el reconocimiento de su validez. Al anotar nuestros insights intuitivos, creamos un registro tangible de su presencia en nuestra vida, haciendo más fácil discernir la voz de la intuición de los ruidos de la mente racional y los deseos egoístas. Revisitar periódicamente este diario de insights intuitivos permite acompañar el desarrollo de la intuición a lo largo del tiempo y fortalecer la confianza en su orientación.

Práctica de la Percepción Ampliada: Este ejercicio busca expandir la percepción más allá de los límites de los sentidos físicos, utilizando la intención y la visualización para acceder a información y experiencias que trascienden la realidad sensorial ordinaria.

Elección de un Objeto: Elige un objeto simple y familiar, como una flor, una piedra, una vela o un objeto de arte.

Percepción Sensorial Ordinaria: Observa el objeto utilizando tus sentidos físicos ordinarios. Mira su forma, color, textura, tamaño. Tócalo, siente su temperatura, peso y superficie. Huélelo, escucha los sonidos que emite, si los hay. Explora el objeto utilizando todos tus cinco sentidos físicos.

Intención de Percepción Ampliada: Formula la intención de percibir el objeto más allá de los límites de tus sentidos físicos, abriéndote a recibir información y experiencias que trascienden la realidad sensorial ordinaria.

Percepción Intuitiva: Relaja tu mente y tu atención, y permite que tu intuición se manifieste. Pregúntate silenciosamente: "¿Qué más puedo percibir sobre este objeto, además de aquello que mis sentidos físicos me muestran?". Permanece en receptividad, aguardando que insights intuitivos, imágenes, sensaciones o impresiones surjan en tu conciencia.

Registro de la Experiencia: Anota en tu diario todos los insights y experiencias que surjan durante la práctica de la percepción ampliada, sin juicio ni análisis racional inmediato. Confía en tu intuición y permite que la experiencia se desarrolle libremente.

El Papel de Barbelo y de la Madre Suprema: Barbelo, como personificación de la Sabiduría Divina, y la Madre Suprema, como Fuente del principio femenino divino, desempeñan papeles cruciales en el proceso de despertar de la conciencia superior. Barbelo, con su luz y sabiduría primordial, ilumina el camino del despertar, revelando la verdad esencial de la realidad y guiando al alma hacia su plena realización espiritual. La Madre Suprema, con su amor incondicional y su compasión, nutre y sustenta al alma en su jornada, ofreciendo el apoyo y el acogimiento necesarios para superar los desafíos y perseverar en el camino del despertar.

Invocar la presencia de Barbelo y de la Madre Suprema durante las prácticas de meditación, contemplación y expansión de la percepción intensifica nuestra conexión con la energía divina y facilita el proceso de despertar de la conciencia superior. Buscar su orientación intuitiva, abrirse a recibir su luz y sabiduría, y confiar en su amor incondicional, se convierten en pasos esenciales en la jornada gnóstica rumbo a la plena realización espiritual. El despertar de la conciencia superior no es un evento aislado, sino un proceso continuo de crecimiento, transformación y expansión de la percepción, guiado por la luz y el amor de lo divino femenino, personificados en Barbelo y en la Madre Suprema. Es un viaje de retorno a nuestra verdadera naturaleza divina, un despertar a la realidad trascendente que siempre ha estado presente, aguardando ser reconocida y experimentada en su plenitud.

Capítulo 21
Dudas y Desafíos

La experiencia de la jornada espiritual se revela como un intrincado proceso de transformación interior, en el cual el buscador, impulsado por el anhelo de trascendencia, se enfrenta a desafíos que ponen a prueba su fuerza y su fe. Lejos de ser un recorrido rectilíneo y previsible, esta caminata asume la forma de un ciclo continuo de descubrimientos, aprendizajes y superaciones, exigiendo del practicante una postura resiliente ante las inevitables dudas y dificultades que surgen a lo largo del camino. El despertar de la conciencia superior, objetivo esencial de la búsqueda gnóstica, no ocurre instantáneamente, sino a través de un refinamiento gradual del ser, en el cual cada obstáculo enfrentado representa una oportunidad de profundización y evolución espiritual. La naturaleza cíclica de este proceso refleja la propia dinámica de la existencia, en la cual momentos de claridad y comprensión se alternan con períodos de incertidumbre y prueba, exigiendo del individuo no solo conocimiento, sino también coraje y entrega para proseguir adelante.

El camino gnóstico, por su esencia, invita al buscador a confrontar aspectos profundos de su propia naturaleza, desafiando condicionamientos arraigados, creencias limitantes e ilusiones del ego que oscurecen su percepción de la realidad divina. En este escenario, las dificultades que surgen no deben ser interpretadas como señales de fracaso o como evidencias de que el recorrido espiritual se ha visto comprometido, sino como instrumentos de pulido del alma, removiendo capas de ignorancia y revelando la luz oculta en el interior del ser. Muchas veces, los desafíos externos reflejan conflictos internos aún no resueltos, funcionando como espejos que permiten al practicante ver con mayor claridad sus propias sombras y limitaciones. Solamente al acoger estas experiencias con humildad y discernimiento, reconociendo que forman parte del proceso de ascensión espiritual, se hace posible avanzar de manera más consciente y profunda en la jornada en dirección al Pleroma.

En este contexto, la aceptación de las incertidumbres y los desafíos como elementos naturales del crecimiento espiritual se convierte en un factor decisivo para sostener la motivación y la perseverancia a lo largo del camino. Aquel que comprende que el proceso de despertar involucra tanto momentos de iluminación como períodos de prueba estará más preparado para enfrentar las dificultades sin sucumbir al desánimo o a la duda paralizante. La búsqueda gnóstica, por lo tanto, exige más que una simple acumulación de conocimiento o la repetición mecánica de prácticas espirituales; requiere una postura interior fundamentada en la confianza, en la entrega y en la disposición para trascender los propios límites. De esta forma, los desafíos se transforman en aliados del crecimiento, conduciendo al practicante a niveles más elevados de conciencia y fortaleciendo su conexión con lo divino, hasta que su esencia resplandezca plenamente en la luz del despertar.

Entre los obstáculos más comunes que surgen en la jornada espiritual gnóstica, las dudas ocupan un lugar destacado. Pueden surgir dudas en relación a la validez del camino elegido, a la autenticidad de la experiencia espiritual, a la existencia del Pleroma, a la naturaleza de Barbelo y de la Madre Suprema, e incluso en relación a la propia capacidad de alcanzar el despertar. Estas dudas, muchas veces alimentadas por la mente racional y por la influencia escéptica del mundo material, pueden generar inseguridad, confusión y desánimo, minando la confianza en la práctica espiritual y oscureciendo la visión del objetivo último.

Las distracciones, tanto internas como externas, representan otro desafío constante en la jornada gnóstica. El mundo material, con sus atractivos sensoriales, sus demandas cotidianas y su cultura de la agitación y del consumo, compite incesantemente por nuestra atención, desviándonos del foco interior y de la búsqueda espiritual. La mente, a su vez, con su diálogo interno incesante, sus pensamientos intrusivos y sus divagaciones sin fin, también se convierte en una fuente de distracción, dificultando el aquietarse, el concentrarse y el sumergirse en la práctica meditativa y contemplativa.

La resistencia interna, manifestándose bajo diversas formas como procrastinación, miedo, autosabotaje y apego a patrones de comportamiento limitantes, constituye un obstáculo sutil y poderoso en la jornada espiritual. La mente egoica, apegada a su zona de confort y temerosa del cambio y de la transformación, frecuentemente opone resistencia al movimiento en dirección al despertar de la conciencia, utilizando estrategias de evasión, justificación y negación para mantener el *statu quo*. Superar la resistencia interna demanda autoconciencia, honestidad consigo mismo, voluntad de confrontar las propias sombras y un compromiso firme con el crecimiento espiritual.

El torbellino emocional, con el afloramiento de emociones negativas como miedo, rabia, tristeza, ansiedad y culpa, puede surgir como un obstáculo inesperado durante la práctica espiritual. Al sumergirnos en nuestro interior, al acceder a capas más profundas de la conciencia, podemos encontrarnos con emociones reprimidas, traumas no resueltos y patrones emocionales disfuncionales que necesitan ser reconocidos, comprendidos e integrados. Lidiar con el torbellino emocional demanda coraje, autocompasión y la disposición de enfrentar las propias sombras con apertura y aceptación.

Las mesetas, momentos en que sentimos que la práctica espiritual se ha estancado, que no estamos progresando o que la experiencia espiritual ha perdido la frescura y la intensidad iniciales, representan otro desafío común en la jornada gnóstica. Estas mesetas pueden generar frustración, desmotivación y la tentación de abandonar la práctica espiritual, interpretando el aparente estancamiento como una señal de que el camino no está funcionando o de que no somos capaces de progresar. Superar las mesetas demanda paciencia, confianza en el proceso, disposición para variar las prácticas, buscar orientación y mantener la llama de la búsqueda espiritual encendida, incluso en momentos de aparente aridez.

Estrategias para Superar Obstáculos en la Jornada Espiritual:

Lidiando con las Dudas: Reconozca y Acoja las Dudas: No reprima o ignore sus dudas, sino reconozca su presencia y acójalas como parte natural del proceso de cuestionamiento y búsqueda espiritual. Las dudas pueden ser valiosas herramientas de discernimiento, incitándonos a investigar más profundamente, a buscar respuestas y a refinar nuestra comprensión.

Busque Sabiduría Gnóstica: Retorne a los textos gnósticos, a la sabiduría ancestral y a las enseñanzas de Barbelo y de la Madre Suprema. Lea, estudie, reflexione sobre las escrituras gnósticas, buscando *insights*, orientaciones y respuestas para sus dudas.

Reflexione sobre su Experiencia Personal: Conéctese con su propia experiencia espiritual. Recuerde momentos de claridad, de inspiración, de conexión y de transformación que usted ha vivido en la práctica gnóstica. Confíe en la autenticidad de su experiencia personal como una guía válida en la jornada espiritual.

Confíe en la Intuición: Desarrolle su intuición y aprenda a escuchar la voz interior de su alma. La intuición, muchas veces, ofrece respuestas que trascienden la lógica racional y que resuenan con la verdad esencial de su ser. Confíe en la orientación de su intuición para discernir el camino y disipar las dudas.

Superando las Distracciones:

Practique la Atención Plena (*Mindfulness*): Cultive la atención plena en todos los momentos del día a día, observando sus pensamientos, emociones y sensaciones corporales sin juicio o apego. La práctica de la atención plena fortalece la capacidad de concentración y ayuda a la mente a mantenerse presente en el momento, disminuyendo el poder de las distracciones.

Retorne Gentilmente el Foco: Cuando perciba que su mente se ha distraído durante la práctica meditativa o contemplativa, reconozca la distracción con gentileza, sin juzgarse o criticarse, y retorne suavemente el foco de su atención al objeto de la práctica (respiración, mantra, visualización, etc.). La paciencia y la persistencia son fundamentales en este proceso.

Cree un Espacio y Tiempo Dedicados: Reserve un espacio físico tranquilo y silencioso y un tiempo regular en su rutina diaria dedicados exclusivamente a la práctica espiritual. Este ambiente y horario sagrados ayudan a la mente a prepararse para la práctica y a minimizar las distracciones externas.

Lidiando con la Resistencia Interna:

Practique la Autocompasión: Reconozca su resistencia interna con autocompasión y gentileza. Comprenda que la resistencia es una parte natural del proceso de cambio y transformación, y no se juzgue o se critique por sentir resistencia. Trátese con la misma bondad y comprensión que usted dedicaría a un amigo querido que estuviera enfrentando dificultades.

Comprenda las Raíces de la Resistencia: Explore las posibles causas de su resistencia interna. ¿Qué miedos, creencias limitantes o patrones de comportamiento están detrás de la resistencia? Comprender las raíces de la resistencia permite abordarla de forma más consciente y eficaz.

Comience Pequeño y Gradualmente: No intente cambiar todo de una vez. Comience con pequeñas metas y prácticas espirituales de corta duración, aumentando gradualmente la intensidad y la duración de la práctica a medida que la resistencia disminuye y la motivación aumenta. Celebre cada pequeña victoria y cada paso en el camino.

Integrando el Torbellino Emocional:

Aceptación y Observación: Cuando emociones negativas surjan durante la práctica espiritual, no las reprima o las ignore, sino acepte su presencia y obsérvelas con curiosidad y gentileza, como un observador imparcial. Permita que las emociones se manifiesten plenamente, sin identificarse con ellas o dejarse llevar por su flujo.

Procesamiento Emocional Consciente: Utilice la práctica espiritual como un espacio seguro para procesar las emociones negativas de forma consciente y constructiva. Permítase sentir las emociones plenamente, respirando profundamente, acogiendo el dolor y buscando comprender los mensajes y los aprendizajes que las emociones traen consigo.

Busque Apoyo (si es Necesario): Si el torbellino emocional es intenso o difícil de lidiar solo, busque apoyo de un terapeuta, consejero espiritual o grupo de apoyo que pueda ofrecer orientación, soporte y herramientas para el procesamiento emocional saludable.

Superando las Mesetas:

Paciencia y Confianza en el Proceso: Reconozca que las mesetas son una fase natural de la jornada espiritual, y no interprete el aparente estancamiento como una señal de fracaso. Confíe en el proceso, mantenga la práctica regular y perseverante, y tenga paciencia, sabiendo que el crecimiento espiritual muchas veces ocurre de forma sutil y gradual, incluso cuando no percibimos cambios inmediatos.

Varíe las Prácticas: Experimente variando sus prácticas espirituales. Explore diferentes técnicas de meditación, contemplación, oración, visualización u otras prácticas gnósticas que resuenen con usted. La variedad puede traer una nueva frescura a la práctica y estimular el crecimiento espiritual.

Busque Orientación e Inspiración: Retorne a los textos gnósticos en busca de nueva inspiración e *insights*. Busque orientación en libros, conferencias, comunidades espirituales o mentores que puedan ofrecer perspectivas frescas y ánimo para superar la meseta.

Importancia de la Perseverancia, Paciencia y Autocompasión:

La perseverancia, la paciencia y la autocompasión emergen como cualidades esenciales para sostener la jornada espiritual gnóstica a largo plazo y para superar los inevitables obstáculos que surgen en el camino. La perseverancia impulsa a mantener la práctica regular y constante, incluso ante los desafíos y la aparente falta de resultados inmediatos. La paciencia permite confiar en el proceso, comprender que el despertar espiritual se desarrolla en su propio tiempo y ritmo, y no frustrarse con la lentitud o el aparente estancamiento. La autocompasión suaviza la jornada, permitiendo tratarse con bondad y comprensión ante las dificultades, reconociendo la humanidad y la imperfección como partes integrantes del camino espiritual.

Recuerde siempre: los obstáculos en la jornada espiritual no son el fin del camino, sino invitaciones a profundizar su práctica, a fortalecer su fe y a expandir su conciencia. Con perseverancia, paciencia, autocompasión y la orientación luminosa de Barbelo y de la Madre Suprema, usted puede superar cualquier desafío y seguir adelante en la jornada de despertar y retorno al Pleroma. A cada obstáculo transpuesto, el alma se fortalece, la conciencia se expande y la luz divina brilla con más intensidad en su interior. Persista en la búsqueda, confíe en el camino y abrace la jornada con coraje y esperanza.

Capítulo 22
Viviendo los Principios en el Mundo Material

La vivencia de la espiritualidad gnóstica trasciende los momentos dedicados a la meditación, la oración y el estudio de las escrituras sagradas, manifestándose en cada pensamiento, actitud y decisión en el mundo material. La verdadera realización espiritual no se limita al plano abstracto de las ideas o al éxtasis místico, sino que se revela en la capacidad de conducir la existencia cotidiana con consciencia despierta, amor y discernimiento. La búsqueda del retorno al Pleroma no implica una fuga de la realidad terrenal, sino en la transformación de esa realidad por medio de la incorporación de los principios gnósticos en todas las áreas de la vida. En ese sentido, el camino espiritual exige un compromiso constante de integrar los valores de la verdad, la compasión y la justicia en nuestras relaciones, elecciones e interacciones, permitiendo que la luz divina resplandezca en el mundo material por medio de nuestras acciones.

Esta integración no ocurre de forma automática, sino que demanda esfuerzo, disciplina y una intención consciente de transmutar la rutina diaria en un campo de práctica espiritual. Muchas veces, la sociedad materialista impone desafíos a la vivencia de los principios gnósticos, estimulando la superficialidad, el individualismo y la búsqueda incesante de placeres efímeros. Ante este escenario, el practicante gnóstico es llamado a cultivar un estado de presencia y discernimiento, distinguiendo entre las ilusiones del mundo sensible y la realidad divina que se oculta tras las apariencias. El desafío consiste en equilibrar la vida espiritual y las demandas de lo cotidiano sin perderse en las distracciones del mundo o caer en la trampa de una espiritualidad desconectada de la realidad. Este equilibrio exige un compromiso diario de actuar con autenticidad, expresando, en la práctica, la sabiduría adquirida por medio de la jornada interior.

Al vivenciar las enseñanzas gnósticas en el mundo material, el buscador se convierte en un agente de transformación, irradiando luz y consciencia en su ambiente e inspirando a aquellos a su alrededor. Pequeños gestos de compasión, actitudes basadas en la verdad y elecciones guiadas por la justicia son expresiones concretas del despertar espiritual, permitiendo que la presencia de lo divino se manifieste en lo cotidiano. La verdadera espiritualidad no se restringe a los momentos de recogimiento, sino que se refleja en la forma como interactuamos con los otros, enfrentamos desafíos y conducimos nuestra existencia con integridad. Así, el camino gnóstico no es solo un recorrido de ascensión individual, sino una jornada de contribución para la elevación de la consciencia colectiva, tornando el mundo un reflejo más fiel de la luz del Pleroma.

Aplicar los principios y la sabiduría gnóstica en la vida cotidiana demanda un esfuerzo consciente y continuo de traer nuestra práctica espiritual al centro de nuestra experiencia diaria. No se trata de vivir en un estado de éxtasis místico constante o de abandonar las responsabilidades del mundo material, sino de cultivar una presencia atenta, una intención compasiva y una conducta ética en todas nuestras interacciones y decisiones. La integración de la sabiduría gnóstica en el día a día transforma nuestra vida en un laboratorio espiritual, donde aprendemos a aplicar las enseñanzas del gnosticismo en situaciones reales, probando nuestra comprensión y profundizando nuestra transformación interior.

Aplicando la Sabiduría Gnóstica en Áreas Clave de la Vida:

Relaciones:

Compasión y Empatía: En las relaciones con los otros, procura cultivar la compasión y la empatía, reconociendo la chispa divina presente en cada ser humano, incluso en aquellos que nos desafían o nos hieren. Procura comprender las perspectivas de los otros, ponerte en su lugar y responder con bondad y consideración, en vez de juicio o crítica.

Verdad y Honestidad: Busca la verdad y la honestidad en tus relaciones, tanto en la comunicación con los otros como en la relación contigo mismo. Sé auténtico y transparente en tus expresiones, evitando la manipulación, la falsedad y la hipocresía. Cultiva la sinceridad y la integridad en todas tus interacciones.

Perdón y Reconciliación: En momentos de conflicto o desentendimiento, busca el perdón y la reconciliación, liberando resentimientos y rencores que puedan envenenar las relaciones. Procura el diálogo abierto y honesto, buscando la comprensión mutua y la resolución pacífica de los conflictos. El perdón no significa concordar con el error del otro, sino liberarse de la carga del resentimiento y abrir espacio para la cura y la renovación de la relación.

Amor Incondicional: Esfuérzate para cultivar el amor incondicional en tus relaciones, aceptando a los otros como son, con sus cualidades e imperfecciones, sin expectativas irreales o juicios severos. El amor incondicional no es un sentimiento romántico idealizado, sino una actitud de benevolencia, aceptación y compasión que se extiende a todos los seres, incluyendo a nosotros mismos.

Trabajo y Carrera:

Propósito y Significado: Procura encontrar propósito y significado en tu trabajo y carrera, más allá de la mera búsqueda de sustento material o reconocimiento social. Busca actividades que resuenen con tus valores espirituales, que contribuyan al bienestar de los otros y que expresen tu potencial creativo y tus talentos únicos.

Ética e Integridad: Mantén una conducta ética e íntegra en tu trabajo y carrera, evitando la deshonestidad, la explotación y la competencia predatoria. Busca la justicia, la equidad y la transparencia en todas tus acciones y decisiones profesionales. Recuerda que tu trabajo es una extensión de tu práctica espiritual, una oportunidad de manifestar los valores gnósticos en el mundo material.

Presencia y Atención Plena: Practica la presencia y la atención plena en tu trabajo, concentrándote en la tarea presente, evitando la dispersión mental y el multitasking excesivo. Sé consciente de tus acciones, de tus palabras y de tus intenciones en el ambiente de trabajo, buscando actuar con responsabilidad, eficiencia y compasión.

Servicio y Contribución: Ve tu trabajo como una oportunidad de servicio y contribución para la sociedad y para el bien común. Procura utilizar tus talentos y habilidades para beneficiar a los otros, para crear valor y para tornar el mundo un lugar mejor. El servicio desinteresado es una expresión del amor divino y un camino para la realización espiritual en el mundo material.

Toma de Decisiones y Resolución de Problemas:

Intuición y Sabiduría Interior: En momentos de toma de decisiones y resolución de problemas, busca la orientación de tu intuición y de tu sabiduría interior, más allá del mero análisis racional y de la lógica lineal. aquieta la mente, conéctate con tu corazón y permite que la intuición guíe tus elecciones y tus acciones.

Discernimiento y Claridad: Cultiva el discernimiento y la claridad mental para evaluar las situaciones y tomar decisiones de forma consciente y responsable. Analiza las informaciones disponibles, considera las diferentes perspectivas, y busca la verdad y la justicia en tus decisiones. Evita decisiones impulsivas o basadas en emociones negativas, buscando actuar con sabiduría y discernimiento.

Alineación con Valores Espirituales: Verifica si tus decisiones están alineadas con tus valores espirituales y con los principios gnósticos de amor, verdad, compasión y justicia. Pregúntate: "¿Esta decisión está en armonía con mi búsqueda espiritual? ¿Contribuye al bienestar de los otros? ¿Expresa la luz divina en mi vida?".

Conducta Moral y Ética en el Mundo Material:

Verdad y Autenticidad: Vive con verdad y autenticidad en todas las áreas de tu vida. Sé fiel a ti mismo, expresa tus valores y creencias de forma genuina y consistente, y evita la hipocresía y la falsedad. La verdad es un valor fundamental en el gnosticismo, y vivir con autenticidad es una forma de honrar la propia esencia divina.

Justicia y Equidad: Busca la justicia y la equidad en tus acciones y en tus relaciones con los otros. Lucha contra la injusticia, la opresión y la discriminación, y defiende los derechos de los más vulnerables y marginalizados. La justicia social es una expresión del amor divino y un camino para la manifestación del Pleroma en el mundo material.

Compasión y Servicio: Cultiva la compasión y el servicio al prójimo como expresiones del amor divino. Procura oportunidades de ayudar a los otros, de aliviar el sufrimiento, de ofrecer apoyo y de contribuir al bienestar de la comunidad humana y del planeta. El servicio desinteresado es un camino poderoso para la transformación personal y social, manifestando la luz divina en el mundo.

Responsabilidad y Consciencia Ecológica: Vive con responsabilidad y consciencia ecológica, reconociendo la interconexión de todos los seres vivos y la importancia de cuidar del planeta Tierra, nuestro hogar común. Adopta prácticas sustentables en tu día a día, reduciendo el consumo, reciclando, preservando la naturaleza y defendiendo el medio ambiente. La consciencia ecológica es una expresión de la sabiduría gnóstica y un camino para la armonía con la creación.

Ejemplos Prácticos de Integración de la Espiritualidad Gnóstica en el Día a Día:

Iniciar el día con Meditación e Intención: Comienza el día con algunos minutos de meditación silenciosa, conectándote con la luz divina y formulando la intención de vivir el día de acuerdo con los principios gnósticos.

Practicar la Atención Plena en las Actividades Cotidianas: Mantente presente y consciente en todas las actividades del día a día, desde tomar el desayuno hasta realizar tareas en el trabajo o interactuar con las personas. La atención plena transforma las actividades cotidianas en momentos de práctica espiritual.

Hacer Pausas Conscientes a lo Largo del Día: Reserva algunos momentos a lo largo del día para hacer pausas conscientes, respirar profundamente, reconectarte con tu centro interior y recordarte tu intención espiritual.

Reflexionar sobre las Acciones y Decisiones: Al final del día, reserva algunos minutos para reflexionar sobre tus acciones y decisiones, evaluando si estuvieron alineadas con los principios gnósticos e identificando áreas donde puedes mejorar y crecer.

Buscar la Belleza y la Presencia Divina en la Naturaleza: Conéctate con la naturaleza regularmente, observando la belleza de los paisajes, sintiendo la energía de los elementos y reconociendo la presencia divina en todas las formas de vida. La naturaleza es un portal para la experiencia espiritual y un recordatorio constante de la interconexión de todo.

Vivir la sabiduría gnóstica en el día a día es un desafío constante, pero también una fuente de profunda realización y transformación. Al integrar los principios gnósticos en todas las áreas de nuestra vida, nos convertimos en agentes de luz y de cambio en el mundo material, manifestando la presencia divina en cada acción, palabra e intención. La jornada gnóstica no es solo un camino de retorno al Pleroma, sino también un camino de transformación del mundo, inspirado por la sabiduría, el amor y el poder de Barbelo y de la Madre Suprema. Permitir que la luz divina guíe nuestra vida cotidiana es la más auténtica y poderosa expresión de nuestra búsqueda espiritual.

Capítulo 23
Honrando al Divino Femenino

Honrar al Divino Femenino es reconocer y celebrar la presencia sagrada de la Madre Suprema en todas las manifestaciones de la existencia, desde la creación del cosmos hasta las sutilezas del mundo interior. En el gnosticismo, esta reverencia trasciende la mera adoración simbólica, convirtiéndose en un proceso profundo de reconexión con la fuente primordial de la luz y la sabiduría. El Divino Femenino es la matriz de la existencia, la esencia amorosa que nutre y sostiene todas las cosas, reflejándose en los ciclos de la naturaleza, en la intuición y en la capacidad de generar transformación y renovación. Al establecer una relación consciente con esta energía, el buscador gnóstico no solo se armoniza con los principios superiores del Pleroma, sino que también despierta en sí mismo la fuerza y la compasión necesarias para su jornada espiritual.

La importancia de integrar esta conexión a la vida cotidiana va más allá del reconocimiento intelectual; se trata de vivenciar, en cada pensamiento y acción, los valores del amor incondicional, de la sabiduría intuitiva y de la creación consciente. Honrar al Divino Femenino implica cultivar la sensibilidad y la percepción espiritual, permitiendo que la luz de la Madre Suprema guíe la búsqueda por el autoconocimiento y por la liberación de las ilusiones del mundo material. Este proceso puede manifestarse de diversas formas, ya sea por medio de la contemplación de la naturaleza, de la introspección profunda o de prácticas simbólicas que refuercen la conexión con esta energía primordial.

Independientemente del método adoptado, lo esencial es que esta conexión sea genuina, conducida por el corazón y por la intención sincera de integrar la luz divina a la experiencia terrenal.

De esta manera, explorar formas de celebrar al Divino Femenino dentro de la tradición gnóstica no se trata de crear estructuras rígidas o dogmáticas, sino de permitir que la espiritualidad fluya con autenticidad y significado. El acto de honrar a Barbelo, la Madre Suprema y los aspectos femeninos del Pleroma fortalece la conciencia del buscador, ampliando su capacidad de comprender la interconexión entre lo divino y el mundo material. Así, al incorporar esta reverencia en la jornada espiritual, el practicante gnóstico abre espacio para que la sabiduría de la luz se manifieste plenamente, guiando su ascensión y transformación interior.

La adaptación de rituales y ceremonias gnósticas para la práctica contemporánea requiere sensibilidad, discernimiento y respeto por la esencia del gnosticismo ancestral. No se trata de replicar rituales históricos oscuros o de crear liturgias dogmáticas e inflexibles, sino de rescatar el espíritu simbólico y la intención profunda detrás de los rituales, reformulándolos de manera creativa y auténtica para las necesidades y la sensibilidad del buscador espiritual moderno. La clave reside en la intención genuina de honrar al Divino Femenino y al Pleroma, utilizando el ritual como una herramienta para expresar la devoción, la gratitud, el anhelo espiritual y la búsqueda por conexión con lo trascendente.

Explorando la Adaptación de Rituales Gnósticos:

Al adaptar rituales gnósticos, podemos inspirarnos en diversas fuentes, siempre manteniendo la coherencia con los principios y valores del gnosticismo. Podemos considerar:

Textos Gnósticos como Inspiración: Aunque no contengan rituales literales, los textos gnósticos ofrecen ricas imágenes simbólicas, invocaciones poéticas y descripciones de experiencias místicas que pueden inspirar elementos rituales. Pasajes que exalten la luz, la sabiduría, el amor, la Madre Suprema, Barbelo y el Pleroma pueden ser incorporadas en oraciones, lecturas o visualizaciones durante el ritual.

Simbolismo Gnóstico: Utilizar símbolos gnósticos como la cruz gnóstica, la serpiente Ouroboros, la llama de la Gnosis o representaciones de Barbelo y otros Aeones puede enriquecer el ritual, evocando el lenguaje arquetípico y la energía simbólica de la tradición gnóstica. La elección de los símbolos debe ser hecha con discernimiento, comprendiendo su significado profundo y su poder evocativo.

Elementos de la Naturaleza: Incorporar elementos de la naturaleza, como velas, incienso, flores, agua, cristales o hierbas, puede crear un ambiente sagrado y facilitar la conexión con la energía de la Tierra y del cosmos. Estos elementos pueden ser utilizados como ofrendas simbólicas, como herramientas de purificación o como representaciones de la belleza y de la abundancia de la creación divina.

Música y Canto: Utilizar música y cantos que eleven el alma, que inspiren la devoción y que resuenen con la búsqueda espiritual puede crear una atmósfera propicia para el ritual. Músicas meditativas, mantras gnósticos adaptados o cantos devocionales que honren al Divino Femenino pueden ser incorporados a la ceremonia.

Movimiento y Expresión Corporal: Incorporar movimientos suaves, gestos simbólicos o danzas meditativas puede enriquecer el ritual, expresando la devoción y el anhelo espiritual a través del cuerpo. Gestos de reverencia, posturas meditativas o movimientos fluidos que representen la energía de la luz o del amor pueden ser utilizados.

Sugerencias de Rituales Gnósticos Adaptados para Honrar a la Madre Suprema y Barbelo:

Ritual de la Luz de Barbelo:

Este ritual simple busca invocar la luz de Barbelo para iluminar el camino espiritual y fortalecer la conexión con el Divino Femenino.

Preparación: Crea un espacio sagrado tranquilo y silencioso. Prepara un altar simple con una vela blanca o dorada (representando la luz de Barbelo), un cristal de cuarzo blanco (simbolizando la pureza) y una imagen o símbolo de Barbelo (si lo deseas).

Centramiento: Siéntate cómodamente delante del altar y respira profundamente algunas veces, aquietando la mente y centrando tu atención en el momento presente.

Invocación: Enciende la vela, visualizando la llama como la luz radiante de Barbelo. Pronuncia una invocación personal a Barbelo, expresando tu anhelo por su luz, sabiduría y guía. Puedes utilizar una invocación inspirada en los ejemplos del capítulo anterior o crear tu propia.

Meditación de la Luz: Medita en silencio, contemplando la llama de la vela y visualizando la luz de Barbelo envolviéndote, iluminando tu camino espiritual y disipando la oscuridad de la ignorancia. Permanece en este estado de contemplación por algunos minutos, permitiendo que la luz de Barbelo te llene y te transforme.

Ofrenda Simbólica: Haz una ofrenda simbólica a Barbelo, como una flor, un cristal, una pluma, una gota de aceite esencial o cualquier objeto que resuene con tu devoción. Ofrece este regalo con gratitud y amor, reconociendo la generosidad y la bondad de Barbelo.

Agradecimiento y Cierre: Agradece a Barbelo por su presencia y por su luz. Apaga la vela con reverencia y cierra el ritual, llevando contigo la sensación de paz, luz y conexión espiritual. Ceremonia de Honra a la Madre Suprema:

Esta ceremonia busca honrar a la Madre Suprema como la Fuente de todo el Divino Femenino y expresar gratitud por su matriz cósmica y su amor incondicional.

Preparación: Crea un espacio sagrado dedicado a la Madre Suprema. Prepara un altar con una tela azul o púrpura (colores asociados al Divino Femenino), flores (especialmente rosas o lirios), un recipiente con agua (simbolizando la matriz cósmica) e incienso de rosas o sándalo.

Purificación: Purifica el espacio y a ti mismo utilizando humo de incienso o agua con sal, visualizando la limpieza de energías negativas y la creación de un ambiente sagrado.

Invocación: Pronuncia una invocación a la Madre Suprema, expresando tu amor, tu gratitud y tu anhelo por su presencia. Puedes utilizar una invocación inspirada en los textos gnósticos o crear tu propia, honrando los atributos de la Madre Suprema como la Fuente, la Matriz, la Sabiduría y el Amor Divino.

Ofrendas y Plegarias: Ofrece flores, agua u otros regalos simbólicos al altar de la Madre Suprema, expresando tu devoción y tu gratitud. Puedes también recitar oraciones, mantras o poemas dedicados a la Madre Suprema, abriendo tu corazón para su energía amorosa y compasiva.

Meditación del Corazón: Siéntate en silencio delante del altar y medita en tu corazón, visualizándolo abriéndose como una flor para recibir el amor incondicional de la Madre Suprema. Permanece en este estado de receptividad por algunos minutos, permitiendo que la energía de la Madre Suprema te envuelva y te nutra.

Cierre y Compartir (Opcional): Agradece a la Madre Suprema por su presencia y por su amor. Cierra la ceremonia y, si lo deseas, comparte el agua bendita o las flores con otras personas presentes, distribuyendo las bendiciones de la Madre Suprema. Ritual de Gratitud al Pleroma:

Este ritual busca expresar gratitud al Pleroma, el reino de la luz y de la perfección, y conectarse con la armonía y la belleza del universo divino.

Preparación: Crea un espacio tranquilo e inspirador, preferiblemente al aire libre, bajo el cielo estrellado o en un lugar con vista amplia. Prepara un pequeño altar con elementos que representen el Pleroma, como cristales transparentes (simbolizando la luz), colores vibrantes (como azul, dorado y blanco) y símbolos gnósticos.

Contemplación del Cielo: Vuelve tu mirada hacia el cielo, contemplando las estrellas, el sol, la luna o la vastedad del espacio. Déjate inspirar por la belleza y por el orden del cosmos, reconociendo la manifestación del Pleroma en la creación.

Invocación al Pleroma: Pronuncia una invocación al Pleroma, expresando tu admiración, tu reverencia y tu gratitud por su existencia y por su influencia benéfica en el universo. Puedes crear tu propia invocación, honrando a los Aeones, la Fuente Primordial y la armonía cósmica.

Ofrenda de Luz: Enciende velas o utiliza linternas para crear un círculo de luz a tu alrededor, simbolizando la irradiación luminosa del Pleroma. Ofrece esta luz como un gesto de gratitud y de conexión con el reino divino.

Silencio y Contemplación: Permanece en silencio y contemplación, dejándote envolver por la atmósfera sagrada del ritual y por la sensación de conexión con el

Pleroma. Permite que tu mente se aquiete y que tu alma se expanda en dirección a la vastedad del universo divino.

Agradecimiento y Cierre: Agradece al Pleroma por su belleza, por su armonía y por su luz. Cierra el ritual, llevando contigo la sensación de paz, reverencia y conexión cósmica.

La importancia del ritual como forma de conexión simbólica y expresiva con lo divino reside en su capacidad de involucrar la totalidad del ser, no solo la mente racional, sino también el cuerpo, las emociones y la intuición. El ritual utiliza el lenguaje de los símbolos, de los gestos, de los sonidos y de las imágenes para comunicarse con las capas más profundas de la conciencia, despertando emociones, evocando arquetipos y facilitando la experiencia de lo trascendente. El ritual gnóstico adaptado, practicado con intención genuina y devoción sincera, puede convertirse en un camino poderoso para honrar al Divino Femenino, conectarse con el Pleroma y profundizar la jornada espiritual. Recuerda que la clave no reside en la forma externa del ritual, sino en la intención, en el significado personal y en la energía devocional que son invertidos en la práctica.

Capítulo 24
La Comunidad Gnóstica

La búsqueda gnóstica, a pesar de ser un camino profundamente individual y enfocado en la experiencia interior, encuentra en la comunidad un suelo fértil para el crecimiento, el aprendizaje y el apoyo mutuo. El gnosticismo, desde sus raíces antiguas, siempre fue transmitido a través de círculos de buscadores, grupos que compartían conocimientos, prácticas y comprensiones sobre el viaje hacia la Gnosis. La experiencia de conectarse con otros que recorren el mismo camino no solo fortalece la motivación personal, sino que también proporciona nuevas perspectivas y oportunidades de desarrollo espiritual. A lo largo de la historia, muchas tradiciones místicas florecieron dentro de comunidades, donde los individuos pudieron explorar los misterios divinos sin el peso del aislamiento, encontrando eco para sus descubrimientos y espacio para sus dudas. Así, aunque la búsqueda de la Gnosis sea una experiencia única para cada ser, la comunión con otros buscadores puede potenciar y enriquecer esta trayectoria.

La formación y la participación en una comunidad gnóstica ofrecen un ambiente de acogida para aquellos que frecuentemente se sienten desplazados dentro de las estructuras religiosas convencionales. La espiritualidad gnóstica, al enfatizar la experiencia directa de lo divino y el viaje del autoconocimiento, a menudo se aleja de las creencias predominantes y de las doctrinas institucionalizadas, lo que puede generar un sentimiento de soledad para el buscador. Sin embargo, al encontrar un espacio donde hay un intercambio de ideas, reflexiones y prácticas, este aislamiento se disuelve, permitiendo un fortalecimiento de la fe, la perseverancia y la comprensión espiritual. Más que una agrupación de individuos interesados en un mismo tema, la comunidad gnóstica se convierte en un organismo vivo, donde cada miembro contribuye con su experiencia, sus descubrimientos y sus desafíos, enriqueciendo la caminata de todos.

    La construcción de una comunidad gnóstica saludable y vibrante no se basa en jerarquías rígidas o dogmas inflexibles, sino en la libertad de pensamiento, el respeto a las diferentes interpretaciones y la valoración de la experiencia personal de cada buscador. La verdadera riqueza de una comunidad espiritual reside en la diversidad de sus voces y en la disposición para aprender unos de otros, sin imposiciones ni juicios. De esta forma, al establecer lazos con otros gnósticos, ya sea en encuentros presenciales o en grupos virtuales, se crea un espacio sagrado donde la búsqueda de la Gnosis se convierte en un acto compartido, reforzado por la presencia y el apoyo de aquellos que recorren el mismo camino. Así, la comunidad se transforma en un refugio y en una fuente de inspiración, un lugar donde el conocimiento, la experiencia y la luz pueden ser intercambiados libremente, impulsando a cada buscador en su ascensión hacia el Pleroma.

La importancia del apoyo de la comunidad espiritual en el viaje gnóstico reside en diversos factores. Primeramente, la comunidad ofrece un espacio de validación y comprensión para experiencias y perspectivas que pueden ser consideradas inusuales o incluso incomprendidas en el contexto de la cultura dominante. En el gnosticismo, la búsqueda de la Gnosis, la valoración de la experiencia mística personal y la visión no dualista de la realidad pueden ser desafiantes de comunicar y compartir con aquellos que no están familiarizados con esta tradición espiritual. En una comunidad gnóstica, encontramos a otros buscadores que comparten una visión del mundo similar, que comprenden el lenguaje simbólico y arquetípico del gnosticismo y que validan la búsqueda espiritual como un valor central en la vida. Este sentido de validación y comprensión mutua puede ser extremadamente alentador y fortalecedor, disipando el sentimiento de aislamiento y confirmando que no estamos solos en nuestra jornada.

En segundo lugar, la comunidad gnóstica proporciona un ambiente rico para el intercambio de conocimientos, experiencias e insights. A través del compartir de lecturas, discusiones, prácticas meditativas conjuntas y relatos personales, podemos aprender de la sabiduría y la experiencia de otros buscadores, ampliando nuestra comprensión del gnosticismo y enriqueciendo nuestra propia práctica espiritual. La diversidad de perspectivas y enfoques dentro de la comunidad gnóstica puede ser un estímulo valioso para el crecimiento, desafiando nuestras propias ideas preconcebidas, abriendo nuevos caminos de exploración y enriqueciendo nuestra visión de la tradición gnóstica.

En tercer lugar, la comunidad gnóstica ofrece un sistema de apoyo emocional y práctico que puede ser fundamental en los momentos desafiantes del viaje espiritual. Cuando enfrentamos dudas, obstáculos, estancamientos o crisis personales, el apoyo de otros buscadores que comprenden el camino y que pueden ofrecer ánimo, consejo y soporte práctico puede ser inestimable. La comunidad gnóstica puede ser un puerto seguro en momentos de turbulencia, un espacio donde podemos encontrar refugio, compartir nuestras dificultades y recibir el apoyo necesario para perseverar y seguir adelante en la jornada.

Sugerencias de cómo Encontrar Comunidades Gnósticas (Online o Presenciales) o Grupos de Estudio:

Búsqueda Online: La internet ofrece una vasta gama de recursos para encontrar comunidades gnósticas virtuales y grupos de estudio online.

Foros y Grupos de Discusión Online: Plataformas online como foros, grupos de discusión en redes sociales y sitios web dedicados al gnosticismo pueden ser excelentes lugares para encontrar a otros buscadores y comunidades virtuales. Busque grupos y foros que se identifiquen con la tradición gnóstica que usted busca (gnosticismo clásico, neognosticismo, etc.) y participe en las discusiones, compartiendo sus preguntas, experiencias e insights.

Redes Sociales: Utilice las redes sociales, como Facebook, Instagram u otras plataformas, para buscar grupos y páginas dedicadas al gnosticismo y a la espiritualidad gnóstica. Muchas comunidades gnósticas virtuales utilizan las redes sociales como espacio de encuentro e interacción.

Sitios Web y Portales Gnósticos: Explore sitios web y portales dedicados al gnosticismo, muchos de los cuales poseen secciones de foros, directorios de grupos de estudio o información sobre comunidades gnósticas virtuales y presenciales.

Búsqueda Presencial: Encontrar comunidades gnósticas presenciales puede demandar un poco más de investigación y averiguación, pero puede ser extremadamente enriquecedor para aquellos que buscan el contacto personal y la interacción directa.

Centros Espirituales y Grupos de Meditación: Verifique si centros espirituales, grupos de meditación, centros de yoga u organizaciones de estudios religiosos en su región ofrecen actividades, charlas o grupos de estudio relacionados con el gnosticismo o la espiritualidad comparada. Aunque no sean explícitamente gnósticos, estos lugares pueden atraer a personas con intereses espirituales similares y pueden ser un punto de partida para encontrar a otros buscadores.

Universidades e Instituciones Académicas: Instituciones académicas que ofrecen cursos o programas de estudio en historia de las religiones, gnosticismo, misticismo o filosofía antigua pueden ser lugares donde usted puede encontrar personas con interés en el gnosticismo. Busque eventos, charlas o grupos de estudio ligados a estas áreas.

Librerías Esotéricas y Centros de Estudios Esotéricos: Librerías especializadas en esoterismo, misticismo y espiritualidad comparada, así como centros de estudios esotéricos, pueden ser lugares donde usted puede encontrar información sobre grupos de estudio gnósticos presenciales o personas con interés en formar un grupo. Pregunte a los empleados, consulte los murales de avisos o participe de eventos promovidos por estos lugares.

Iniciativa Personal: Creando un Grupo de Estudio: Si la búsqueda de comunidades gnósticas presenciales en su región no es exitosa, considere la posibilidad de iniciar su propio grupo de estudio gnóstico. Comience con amigos, conocidos o personas que usted encuentre online y que compartan su interés por el gnosticismo. Organice encuentros regulares para la lectura y discusión de textos gnósticos, prácticas meditativas conjuntas o simplemente para compartir experiencias y reflexiones sobre el viaje espiritual.

Beneficios de Compartir la Jornada en Comunidad:

Validación y Comprensión: Sentirse validado y comprendido en su búsqueda espiritual por otros buscadores que comparten perspectivas similares.

Intercambio de Conocimientos y Experiencias: Aprender de la sabiduría y la experiencia de otros, ampliando la comprensión del gnosticismo y enriqueciendo la práctica personal.

Apoyo Emocional y Práctico: Recibir apoyo, ánimo y soporte en momentos desafiantes del viaje espiritual.

Motivación e Inspiración: Sentirse motivado e inspirado por la energía y el entusiasmo de otros buscadores.

Sentido de Pertenencia: Experimentar un sentido de pertenencia a una comunidad espiritual que comparte valores y anhelos similares.

Crecimiento Espiritual Acelerado: Beneficiarse de la sinergia y la energía colectiva del grupo para profundizar la práctica y acelerar el crecimiento espiritual.

Respeto por la Diversidad y la Individualidad en la Comunidad Gnóstica:

Es fundamental que la comunidad gnóstica, ya sea virtual o real, sea un espacio de respeto por la diversidad de interpretaciones, prácticas y experiencias individuales. El gnosticismo, en su esencia, valora la búsqueda personal de la Gnosis y la experiencia directa de lo divino, reconociendo la pluralidad de caminos y la singularidad del viaje de cada buscador. Dentro de la comunidad gnóstica, debe haber espacio para diferentes perspectivas teológicas, diferentes enfoques prácticos y diferentes formas de expresar la espiritualidad gnóstica. El diálogo abierto, el respeto mutuo, la tolerancia y la valoración de la diversidad son cualidades esenciales para una comunidad gnóstica saludable y enriquecedora. La comunidad gnóstica no debe convertirse en un espacio de dogmatismo, proselitismo o exclusión, sino en un ambiente de aprendizaje mutuo, apoyo fraterno y celebración del viaje espiritual en sus múltiples manifestaciones. La unidad en la diversidad, la búsqueda en conjunto y el respeto por la individualidad de cada buscador deben ser los pilares de una comunidad gnóstica auténtica y vibrante.

Capítulo 25
Profundizando la Conexión

La conexión espiritual con Barbelo y el Pleroma no se establece como un evento aislado o una experiencia estática, sino como un flujo continuo de expansión de la conciencia y profundización en la esencia divina. Cada paso dado en este viaje representa no solo un avance, sino la revelación de nuevas capas de conocimiento y percepción, conduciendo al buscador a una comprensión cada vez más refinada de su naturaleza espiritual. El llamado a esta profundización no es una imposición externa, sino un anhelo interno, un impulso del alma que reconoce su origen en la luz primordial y busca incesantemente retornar a ella. A medida que este recorrido se desarrolla, se hace evidente que la espiritualidad gnóstica no es un conjunto fijo de dogmas o prácticas rígidamente establecidas, sino un proceso vivo, dinámico y en constante transformación, moldeado por la experiencia directa de lo sagrado y por la evolución de la conciencia de aquel que transita este camino.

La progresión en la conexión con Barbelo implica la trascendencia de las limitaciones impuestas por la mente condicionada y la apertura a estados más elevados de percepción y comprensión. A diferencia de un conocimiento puramente intelectual, la Gnosis no puede ser adquirida solo por el estudio de los textos sagrados o por la memorización de conceptos filosóficos; ella se revela por medio de la experiencia directa, de la entrega confiada al misterio y de la disposición para explorar dimensiones más sutiles de la existencia. Esta profundización demanda no solo disciplina y perseverancia, sino también flexibilidad y receptividad, pues cada etapa del viaje trae consigo desafíos inesperados e *insights* transformadores. El verdadero buscador gnóstico comprende que no hay un fin absoluto a ser alcanzado, pues cada revelación conduce a nuevas preguntas, cada iluminación descubre un horizonte aún más vasto, y cada integración de lo sagrado en la vida cotidiana abre camino para una conexión aún más profunda con la Fuente Divina.

Al aceptar este viaje como un proceso continuo, el practicante gnóstico se alinea con la naturaleza cíclica y expansiva de la existencia espiritual. La conexión con Barbelo y el Pleroma no se limita a momentos específicos de meditación o contemplación, sino que se entrelaza con todos los aspectos de la vida, moldeando percepciones, inspirando acciones y nutriendo el alma con la luz del conocimiento divino. La profundización de este vínculo no significa solo buscar estados elevados de conciencia, sino también permitir que esa luz ilumine los aspectos más comunes de la existencia, trayendo claridad, propósito y armonía al cotidiano. De esta forma, la práctica espiritual se convierte en una vivencia integrada, donde cada experiencia, desafío y descubrimiento son encarados como oportunidades de crecimiento y expansión. El llamado final de este viaje no es para un término, sino para un recomienzo constante, donde cada paso dado abre puertas para nuevos misterios y cada despertar conduce a una comprensión aún más profunda de la esencia divina que habita en cada ser.

Reconocer la práctica espiritual como un camino continuo de crecimiento y profundización implica abandonar la ilusión de que existe un estado final de iluminación o un punto de llegada definitivo en el viaje gnóstico. El Pleroma, el reino de la perfección y de la plenitud, no es un destino geográfico a ser alcanzado, sino una dimensión de la realidad que se manifiesta progresivamente en nuestra conciencia a medida que profundizamos nuestra conexión con la Fuente Divina. El viaje espiritual no es una carrera para llegar a un punto final, sino una danza continua entre el alma humana y lo divino, una espiral ascendente de aprendizaje, transformación y expansión de la conciencia que se desarrolla a lo largo de toda la vida. A cada etapa del viaje, nuevos niveles de profundidad se revelan, nuevos horizontes se expanden y nuevos misterios se presentan, invitándonos a seguir adelante con entusiasmo y perseverancia.

Animar al lector a continuar explorando y expandiendo su conexión con Barbelo y el Pleroma se convierte en un objetivo central de este capítulo final. Las prácticas espirituales gnósticas, como meditación, oración, contemplación, visualización y rituales adaptados, no son técnicas a ser dominadas y abandonadas, sino herramientas valiosas a ser utilizadas y perfeccionadas continuamente a lo largo del viaje. Profundizar la conexión con Barbelo implica cultivar una relación viva y dinámica con la primera emanación de la Mente Divina, explorando las múltiples facetas de su energía, sabiduría y amor, y buscando su orientación intuitiva en todas las áreas de la vida. Expandir la conexión con el Pleroma significa abrirse cada vez más a la realidad espiritual, trascendiendo las limitaciones de la percepción ordinaria y permitiendo que la luz divina ilumine y transforme nuestra conciencia en su totalidad.

La profundización de la práctica espiritual gnóstica puede manifestarse de diversas formas. Puede implicar la exploración de nuevas técnicas meditativas, el perfeccionamiento de las prácticas de visualización y canalización de la luz divina, la creación de oraciones e invocaciones cada vez más personales y auténticas, la experimentación con rituales adaptados más elaborados o la búsqueda de nuevas formas de expresión creativa inspiradas en la sabiduría gnóstica. La profundización puede también manifestarse en el estudio continuo de los textos gnósticos, en la reflexión sobre sus enseñanzas y en la búsqueda de una comprensión cada vez más profunda de la cosmología, de la teología y de la ética gnósticas. Lo importante es mantener la mente abierta, la curiosidad encendida y la intención clara de seguir adelante en el viaje, explorando nuevos caminos y profundizando la experiencia espiritual.

La expansión de la conciencia, como resultado natural de la práctica espiritual continua, representa una transformación profunda y abarcadora de nuestra forma de percibir la realidad y de relacionarnos con el mundo.

A medida que profundizamos nuestra conexión con Barbelo y el Pleroma, nuestra percepción se torna más sutil, más intuitiva y más abarcadora, trascendiendo las limitaciones de la mente racional y de los sentidos físicos. La conciencia despierta reconoce la interconexión de todos los seres, la presencia de la divinidad en todas las manifestaciones de la vida y la realidad espiritual que permea el universo material. La expansión de la conciencia no es un evento aislado, sino un proceso gradual y continuo, que se despliega a lo largo del viaje espiritual, transformando nuestra visión de mundo, nuestros valores y nuestra forma de vivir.

La apertura a nuevos descubrimientos y experiencias espirituales a lo largo del viaje constituye una actitud fundamental para el buscador gnóstico. El camino espiritual no es un itinerario predefinido o un conjunto de dogmas inflexibles, sino una aventura de exploración y descubrimiento constante. Mantener la mente abierta significa abandonar prejuicios, expectativas rígidas y creencias limitantes, permitiendo que la experiencia espiritual nos sorprenda y nos conduzca a territorios desconocidos. Estar abierto a nuevas experiencias implica abrazar la incertidumbre, acoger el misterio y confiar en la sabiduría de la intuición como guías en el viaje. Los descubrimientos espirituales pueden surgir de maneras inesperadas, en momentos de meditación profunda, en encuentros significativos, en *insights* intuitivos o en experiencias cotidianas aparentemente banales. Estar atento y receptivo a estos descubrimientos, integrándolos en nuestra comprensión y práctica espiritual, enriquece el viaje e impulsa nuestro crecimiento.

La alegría y la belleza de la búsqueda espiritual y de la conexión con lo divino emergen como recompensas intrínsecas del viaje gnóstico. La búsqueda espiritual, en su esencia, no es una carga pesada o un deber arduo, sino una aventura apasionante, repleta de momentos de belleza, inspiración y alegría profunda. La conexión con Barbelo y el Pleroma nutre el alma, ilumina la mente y llena el corazón con amor, paz y contento. La alegría de la búsqueda espiritual reside en el descubrimiento continuo de la propia naturaleza divina, en el florecimiento del potencial espiritual más elevado y en la vivencia de una vida con más sentido, propósito y plenitud. La belleza de la conexión con lo divino se manifiesta en la percepción de la armonía cósmica, en la contemplación de la vastedad del misterio y en la experiencia de la unidad esencial que permea toda la creación. El viaje espiritual gnóstico, en su esencia más profunda, es una celebración de la vida, de la luz y del amor, un camino de retorno al hogar y de despertar a la belleza trascendente que reside en nuestro interior y en todo el universo.

Que este libro, "Barbelo: El Misterio de la Primera Emanación", sirva como un mapa inicial y una guía inspiradora para su viaje espiritual gnóstico. Que las reflexiones, las prácticas y las invocaciones aquí presentadas le auxilien a iniciar o a profundizar su conexión con Barbelo, la Madre Suprema y el Pleroma. Recuerde que el viaje es suyo, único y personal. Explore con curiosidad, practique con devoción, confíe en su intuición y abrace la aventura del despertar con valentía y alegría. Que la luz de Barbelo ilumine su camino y que el amor de la Madre Suprema lo sostenga en cada paso del Viaje Continuo. Que la Gnosis florezca en su corazón y que la Paz del Pleroma lo acompañe siempre.

Capítulo 26
Modelo para la Transformación Interior

La transformación interior es un llamado profundo que resuena en la esencia de cada ser humano, impulsando al alma a trascender sus limitaciones y a reconectarse con su origen divino. En el contexto de la tradición gnóstica, esta jornada de autodescubrimiento y despertar no es solo un proceso psicológico o filosófico, sino una búsqueda espiritual que refleja el movimiento de la propia creación hacia su principio supremo. Barbelo, la primera emanación de la Fuente Divina, simboliza este principio arquetípico del alma en su plenitud, manifestándose como el modelo perfecto para aquellos que aspiran a la iluminación y al retorno a la unidad primordial. La figura de Barbelo representa tanto el origen como el destino de la jornada interior, guiando al buscador por medio de su luz, sabiduría y poder creativo. Comprender esta emanación no solo como un concepto cósmico, sino como un reflejo de la propia naturaleza humana, abre camino para una transformación genuina, en la cual el alma reconoce su esencia luminosa y asume su papel como coautora de la propia evolución espiritual.

La jornada rumbo a la transformación interior exige más que mera contemplación intelectual; demanda compromiso activo y la disposición para atravesar los velos de la ilusión y del olvido. Barbelo, como arquetipo del alma despierta, ofrece un modelo para esta travesía, demostrando que el despertar no es un evento súbito y aislado, sino un proceso continuo de integración y expansión de la conciencia. El camino gnóstico, sostenido por la búsqueda de la Gnosis —el conocimiento directo de la realidad espiritual—, proporciona las herramientas para esta jornada, permitiendo que el individuo reconozca las influencias que oscurecen su luz interior y las trascienda por medio de la sabiduría y de la práctica espiritual. Este proceso no ocurre sin desafíos, pues exige la deconstrucción de patrones limitantes y la reintegración de los aspectos fragmentados del ser. Sin embargo, al mirar a Barbelo como un espejo, el buscador encuentra no solo inspiración, sino también fuerza y coraje para perseverar en la senda de la autotransformación.

    La aplicación práctica de este modelo arquetípico en la vida cotidiana se manifiesta en la necesidad de equilibrar los principios complementarios que componen la totalidad del ser. Barbelo incorpora la unidad de lo masculino y lo femenino divinos, demostrando que la plenitud solo es alcanzada cuando ambas fuerzas están en armonía. Así, la transformación interior requiere que el individuo reconozca e integre estos aspectos dentro de sí, equilibrando razón e intuición, acción y contemplación, fuerza y compasión. Este equilibrio se refleja en una vida más consciente, donde cada pensamiento, palabra y acción son alineados con la verdad espiritual y con el propósito más elevado del alma. De esta forma, Barbelo no solo ilumina el camino de la transformación, sino que también se torna una presencia viva y dinámica en la jornada del buscador, orientándolo en la reconquista de su luz primordial y en la manifestación de su potencial divino en todas las dimensiones de la existencia.

Barbelo, en su esencia arquetípica, representa el alma humana en su estado primordial de pureza, potencialidad y conexión con la Fuente Divina. Así como Barbelo emerge de la trascendencia inefable del Padre Inefable, la chispa divina en nuestro interior anhela despertar y manifestar su luz innata, liberándose de las ilusiones del mundo material y retornando a su plenitud original. El arquetipo de Barbelo nos invita a reconocer esta potencialidad divina en nosotros mismos, a despertar la conciencia adormecida y a recorrer el camino de la individuación, tornándonos seres más completos, conscientes y alineados con nuestro propósito espiritual más elevado.

La inspiración y el aliento que Barbelo ofrece para la transformación personal reside en sus propios atributos y en su función dentro de la cosmología gnóstica. Barbelo, como Sabiduría Divina, nos inspira a buscar el conocimiento que libera, la Gnosis que revela nuestra verdadera naturaleza y el camino de retorno al Pleroma. Barbelo, como Poder Creativo Divino, nos anima a manifestar nuestro potencial, a expresar nuestros talentos y a cocrear una realidad más alineada con la luz y el amor. Barbelo, como Inmortalidad Divina, nos ofrece la esperanza de la trascendencia de la muerte y de la ilusión de la separación, apuntando hacia la vida eterna y la unión con la Fuente Primordial como nuestro destino último. Al contemplar el arquetipo de Barbelo, somos imbuidos de coraje, motivación y confianza para enfrentar los desafíos de la jornada interior y perseverar en la búsqueda del despertar.

La jornada en dirección a la totalidad y a la integración de los aspectos femenino y masculino internos encuentra en Barbelo un modelo arquetípico especialmente relevante. Barbelo, como "Madre-Padre", personifica la unión primordial de los principios femenino y masculino en el seno de la divinidad. En nuestra jornada de individuación, somos invitados a reconocer e integrar estos dos aspectos en nuestro propio ser, equilibrando la mente racional y la intuición, la acción y la receptividad, la fuerza y la ternura, el logos y el eros. El arquetipo de Barbelo nos muestra que la totalidad no reside en la polarización o en la exclusión de uno de los principios, sino en su armonización e integración, creando un ser más completo, equilibrado y capaz de expresar la plenitud de su naturaleza divina. Honrar el arquetipo de Barbelo en nuestra jornada interior implica valorar y cultivar tanto nuestro aspecto femenino como nuestro aspecto masculino, reconociendo la importancia de ambos para nuestra totalidad y para nuestro bienestar.

Barbelo, como arquetipo del alma despierta, emerge como un símbolo de esperanza y potencial para la humanidad en su conjunto. En un mundo frecuentemente marcado por el sufrimiento, por la división y por la búsqueda incesante de poder y reconocimiento material, el arquetipo de Barbelo nos ofrece una visión alternativa, un camino de retorno a nuestra esencia divina y de construcción de un mundo más justo, compasivo e iluminado. Barbelo nos recuerda que la verdadera riqueza no reside en los bienes materiales o en el poder externo, sino en la luz interior, en el conocimiento que libera y en el amor que une. Al internalizar el arquetipo de Barbelo, nos tornamos agentes de transformación en nuestro mundo, irradiando la luz de la conciencia despierta, promoviendo la compasión y la justicia, y contribuyendo a la construcción de una realidad más alineada con el Pleroma. Barbelo, como arquetipo del alma despierta, nos invita a despertar a nuestro potencial divino y a cocrear un futuro más luminoso para la humanidad.

Reflexiones para la Jornada Interior con el Arquetipo de Barbelo:

Meditación en el Arquetipo: Reserve momentos para meditar sobre el arquetipo de Barbelo, visualizando su imagen, contemplando sus atributos y buscando sentir su presencia en su interior. Permita que el arquetipo de Barbelo inspire su jornada de transformación personal.

Diálogo con el Arquetipo: Dialogue con el arquetipo de Barbelo a través de la imaginación activa, de la escritura intuitiva o del oráculo. Pregunte a Barbelo sobre sus desafíos, sus anhelos y sus próximos pasos en la jornada espiritual. Esté abierto para recibir su orientación intuitiva y su sabiduría ancestral.

Integración de los Atributos: Busque integrar los atributos de Barbelo en su vida cotidiana. Cultive la sabiduría en sus decisiones, manifieste su poder creativo en sus acciones, exprese el amor incondicional en sus relaciones y busque la inmortalidad espiritual a través de su práctica gnóstica.

Honra al Divino Femenino Interior: Reconozca y honre el Divino Femenino en su propio ser, cultivando la intuición, la receptividad, la compasión y la creatividad. Permita que el aspecto femenino de su naturaleza florezca y se manifieste plenamente.

Equilibrio de los Principios: Busque el equilibrio y la integración de los principios femenino y masculino en su vida, armonizando la mente racional y la intuición, la acción y la receptividad, el logos y el eros. Cultive la totalidad y la completitud en su ser, inspirándose en el arquetipo andrógino de Barbelo.

Barbelo, como arquetipo del alma despierta, no es solo una figura divina distante, sino una presencia viva e inspiradora en nuestro interior, un modelo para nuestra transformación personal y un símbolo de esperanza para la humanidad. Al conectarnos con este arquetipo poderoso, despertamos la chispa divina en nuestro ser, fortalecemos nuestra jornada espiritual y nos tornamos agentes de luz y de transformación en el mundo. Que el arquetipo de Barbelo ilumine su camino y lo inspire a vivir la plenitud de su potencial divino.

Capítulo 27
Espiritualidad Occidental

La espiritualidad occidental, en su larga y multifacética trayectoria, ha sido moldeada por diversas influencias, algunas explícitas e institucionalizadas, otras sutiles y subterráneas. Entre estas corrientes, el gnosticismo se destaca como una tradición que, a pesar de haber sido marginada y combatida por las grandes religiones organizadas, continuó ejerciendo un impacto profundo en la forma en que Occidente comprende la relación entre lo humano y lo divino. La figura de Barbelo, como primera emanación de la Fuente Suprema y manifestación de lo Divino Femenino, representa un eslabón esencial en este legado espiritual, resonando a través de las eras como un símbolo del conocimiento trascendente y de la búsqueda del despertar interior. Su presencia en los textos gnósticos, especialmente en escritos como el Apócrifo de Juan, atestigua su importancia dentro de las escuelas gnósticas antiguas, pero su influencia trasciende estos círculos, manifestándose de manera velada en diversas corrientes místicas, filosóficas y espirituales que moldearon la tradición occidental.

La continuidad del pensamiento gnóstico, y con él la persistencia de los arquetipos que estructuran su cosmología, puede ser identificada en diferentes movimientos a lo largo de la historia. A pesar de la persecución y del intento de erradicación de las enseñanzas gnósticas por las instituciones cristianas ortodoxas, elementos fundamentales de esta tradición sobrevivieron, ya sea por medio del hermetismo, de la alquimia medieval, de la mística renacentista o de movimientos esotéricos modernos. La idea de un conocimiento secreto que conduce a la liberación del alma y la noción de un mundo material corrompido, que debe ser trascendido por medio de la Gnosis, reaparecen en diferentes contextos y épocas, siempre ofreciendo un contrapunto a las doctrinas dominantes. La imagen de Barbelo, como madre celestial y fuente de la verdadera sabiduría, puede ser rastreada en estas tradiciones, muchas veces bajo otros nombres y formas, pero siempre cargando la misma esencia: la promesa de un retorno a la luz primordial.

En la contemporaneidad, el redescubrimiento de los textos gnósticos y el creciente interés por lo Divino Femenino han traído a Barbelo de vuelta al centro de las reflexiones espirituales. El redescubrimiento de la biblioteca de Nag Hammadi en el siglo XX posibilitó que estas tradiciones olvidadas fueran reexaminadas y reinterpretadas, ofreciendo una alternativa a las formas tradicionales de religiosidad. El resurgimiento del interés por el gnosticismo, especialmente dentro de los círculos esotéricos y del movimiento Nueva Era, refleja una búsqueda colectiva por una espiritualidad más experiencial, menos dogmática y más conectada a las dimensiones intuitivas y femeninas de lo sagrado. En este contexto, Barbelo resurge como una figura inspiradora para aquellos que buscan no solo comprender la espiritualidad de forma intelectual, sino vivirla como un proceso continuo de transformación y retorno a la esencia divina. Así, su legado persiste, atravesando los siglos y adaptándose a las nuevas formas de búsqueda espiritual, siempre evocando la eterna jornada del alma en dirección a la luz.

A lo largo de la historia del gnosticismo, desde sus orígenes en el mundo antiguo hasta sus manifestaciones más recientes, la figura de Barbelo ha mantenido una posición de destaque y reverencia. En diversas escuelas gnósticas, como el setianismo, el valentinianismo y otras corrientes menos conocidas, Barbelo es consistentemente presentada como la primera emanación, la imagen perfecta del Padre Inefable, la Madre Divina primordial y la fuente de sabiduría y luz. En los textos de Nag Hammadi, como el Apócrifo de Juan, el Evangelio de los Egipcios y el Pensamiento de Norea, Barbelo es invocada, alabada y descrita con una variedad de epítetos que exaltan su grandeza y su papel fundamental en la cosmología gnóstica. Ya sea como "el Primer Pensamiento", "la Imagen del Padre", o "la Luz Virgen", Barbelo permanece una constante en el panteón gnóstico, testimoniando la importancia duradera de lo Divino Femenino y de la búsqueda por la Gnosis como caminos de retorno a lo divino.

El legado de Barbelo dentro del gnosticismo se manifiesta en la continuidad de su veneración y en la persistencia de sus atributos a lo largo del tiempo. En diferentes escuelas y textos, encontramos variaciones en la cosmología y en las narrativas míticas, pero la figura central de Barbelo como la primera emanación, dotada de sabiduría, poder creativo e inmortalidad, se mantiene constante. Esta consistencia sugiere que Barbelo no era solo un mero personaje mitológico, sino una representación arquetípica de una dimensión esencial de la divinidad, un aspecto de lo Divino Femenino que resonaba profundamente con los buscadores gnósticos de diferentes épocas y contextos. El legado de Barbelo en el gnosticismo es un legado de persistencia, de relevancia continua y de profundo impacto en la imaginación espiritual gnóstica.

La influencia del gnosticismo, y por extensión, del arquetipo de Barbelo, en la historia de la espiritualidad occidental es un tema complejo y multifacético, objeto de debate e investigación académica. Aunque no existen evidencias directas de una "línea sucesoria" ininterrumpida entre el gnosticismo antiguo y corrientes espirituales posteriores, resonancias y paralelos temáticos sugieren posibles influencias, directas o indirectas, del pensamiento gnóstico en diversas tradiciones espirituales y filosóficas occidentales. Es importante abordar este tema con matices y cautela, evitando afirmaciones generalizadas o simplistas, pero reconociendo las posibles conexiones y las semejanzas notables que emergen del análisis comparativo.

Posibles áreas de influencia del gnosticismo, que merecen consideración, incluyen:

Hermetismo: El Corpus Hermeticum, un conjunto de textos filosófico-religiosos del período helenístico tardío, comparte diversas características con el gnosticismo, como el énfasis en el conocimiento espiritual (Gnosis), la visión de un mundo material imperfecto y la búsqueda por la divinización del alma. Aunque los orígenes exactos del hermetismo son complejos y debatidos, es posible que haya habido influencias mutuas o fuentes comunes entre el hermetismo y algunas corrientes gnósticas, incluyendo la valorización de figuras divinas andróginas y la búsqueda por un conocimiento trascendente.

Cábala: La mística judía de la Cábala, en sus manifestaciones medievales y posteriores, presenta algunas semejanzas con la cosmología gnóstica, como la idea de emanaciones divinas (Sephirot), la jerarquía de los mundos espirituales y la búsqueda por la unión con lo divino. Aunque la Cábala tiene sus raíces en el judaísmo rabínico, algunos estudiosos sugieren que puede haber habido influencias gnósticas, directas o indirectas, en la formación de ciertos conceptos y símbolos cabalísticos, especialmente en relación a la Sofía cabalística, que comparte algunas semejanzas con la Sophia gnóstica y, por extensión, con Barbelo como manifestación de la Sabiduría Divina.

Misticismo Cristiano: Aunque el cristianismo ortodoxo se distanció y condenó el gnosticismo como herejía, algunas corrientes místicas cristianas, especialmente en el período medieval y renacentista, manifestaron resonancias con temas gnósticos, como la búsqueda por la experiencia directa de Dios, la valorización de la intuición y del conocimiento interior, y una cierta tensión con la teología dogmática e institucionalizada. Figuras como Maestro Eckhart, Jacob Boehme y algunos místicos renacentistas pueden haber sido influenciados, directa o indirectamente, por ideas gnósticas, aunque estas influencias son frecuentemente complejas y sutiles. Es importante notar que esta área es sensible y sujeta a diferentes interpretaciones teológicas.

Filosofía del Renacimiento y Romanticismo: El Renacimiento, con su interés por la filosofía antigua y por los textos herméticos, y el Romanticismo, con su valorización de la intuición, de la imaginación y de la experiencia subjetiva, crearon un clima cultural más receptivo a ideas que resuenan con el gnosticismo. Filósofos renacentistas como Marsilio Ficino y Pico della Mirandola, y poetas y pensadores románticos como William Blake y algunos exponentes del idealismo alemán, manifestaron interés por temas como la unidad primordial, la búsqueda por el conocimiento trascendente y la crítica a la razón puramente instrumental, temas que pueden ser asociados, aunque de forma indirecta, a algunas vertientes del pensamiento gnóstico.

Espiritualidad Moderna y New Age: El movimiento de la Nueva Era y la espiritualidad moderna contemporánea manifiestan un interés creciente por el gnosticismo, reinterpretando y resignificando conceptos gnósticos como la Gnosis, la luz interior, lo Divino Femenino y la búsqueda por la experiencia directa de lo divino. El redescubrimiento de los textos de Nag Hammadi en el siglo XX y la creciente crítica a las instituciones religiosas tradicionales contribuyeron a este renovado interés por el gnosticismo, visto por muchos como una fuente alternativa de espiritualidad, más enfocada en la experiencia personal, en la libertad de pensamiento y en la valorización de lo femenino divino. En este contexto, Barbelo, como arquetipo de lo Divino Femenino, resurge con fuerza, inspirando a buscadoras y buscadores espirituales contemporáneos en su jornada de autodescubrimiento y conexión con lo sagrado.

El redescubrimiento del gnosticismo y del principio femenino divino en la era contemporánea representa un fenómeno significativo en la historia de la espiritualidad occidental. El hallazgo de la biblioteca de Nag Hammadi en 1945 y la subsecuente traducción y divulgación de los textos gnósticos abrieron un nuevo horizonte para la comprensión del gnosticismo antiguo y para su reapropiación en el contexto moderno. Este redescubrimiento coincidió con el crecimiento de los movimientos feministas, la crítica a las estructuras patriarcales y el anhelo por formas de espiritualidad que valoricen lo femenino, lo intuitivo y lo experiencial. En este escenario, el gnosticismo, con su énfasis en lo Divino Femenino, en figuras como la Madre Suprema y Barbelo, y en la búsqueda por la Gnosis como un camino de liberación y empoderamiento, resurgió como una tradición espiritual relevante e inspiradora para muchos buscadores contemporáneos.

La relevancia de la Madre Suprema y de lo femenino divino para el mundo contemporáneo reside en su capacidad de ofrecer un contrapunto a las tradiciones religiosas patriarcales dominantes, que frecuentemente marginaron o silenciaron el aspecto femenino de la divinidad. En un mundo que anhela equilibrio, armonía y una visión más integral de la realidad, el rescate de lo Divino Femenino, ejemplificado en figuras como Barbelo, representa un paso importante para la cura de la psique colectiva y para la construcción de un futuro más equitativo y espiritualmente rico. El arquetipo de Barbelo, como símbolo del alma despierta y de la integración de los principios femenino y masculino, ofrece un modelo inspirador para la transformación personal y para la construcción de un mundo más justo, compasivo e iluminado.

La importancia de preservar y estudiar el legado gnóstico para las futuras generaciones reside en la riqueza de insights y perspectivas que esta tradición espiritual ofrece para las cuestiones existenciales y espirituales que la humanidad enfrenta. El gnosticismo, con su búsqueda por la Gnosis, su crítica al materialismo, su valorización de la experiencia interior y su visión de un universo interconectado, continúa resonando con los anhelos y las inquietudes del ser humano contemporáneo. Preservar y estudiar el legado gnóstico, incluyendo la figura luminosa de Barbelo, significa mantener viva una fuente de sabiduría ancestral que puede iluminar nuestro camino, desafiar nuestras concepciones limitantes e inspirar nuestra jornada de despertar y transformación. El legado de Barbelo, como arquetipo de lo Divino Femenino y del alma despierta, es un tesoro espiritual que merece ser preservado, estudiado y transmitido para las futuras generaciones, como un faro de esperanza y una invitación a la búsqueda incesante por la verdad y la luz.

Capítulo 28
Otras Emanaciones

El Pleroma, lleno de luz y conocimiento, no se limita a una única emanación, sino que se expande en una compleja red de seres divinos, cada uno reflejando aspectos distintos de la Fuente Suprema. Barbelo, la Primera Emanación, ocupa un lugar central en la cosmología gnóstica, pero su esplendor no existe aisladamente. A su alrededor, una miríada de otros Aeones se despliega, formando un tejido vibrante de sabiduría, amor y poder espiritual. Estos Aeones, emanados de la plenitud divina, desempeñan papeles fundamentales en el proceso de creación, iluminación y redención de las almas que buscan retornar a su estado original de unidad con lo divino. Comprender estas emanaciones es profundizar en la estructura mística del universo gnóstico, explorando la forma en que lo divino se manifiesta en diferentes dimensiones e interactúa con la existencia humana.

Cada Aeon lleva en sí un atributo esencial de la Fuente Suprema, funcionando como un canal entre lo divino y la creación. Mientras que Barbelo simboliza la pureza primordial y la inteligencia divina, otras emanaciones se expresan como fuerzas complementarias que sostienen y armonizan el cosmos espiritual. El

Logos, frecuentemente identificado con Cristo en el gnosticismo, es la manifestación del Verbo Creador, aquel que trae el orden y la razón al universo. Sophia, la Sabiduría, representa tanto el anhelo por la verdad como el riesgo de la separación de lo divino, reflejando el dilema del alma humana que oscila entre la luz y la materia. Además de estos, una infinidad de otras emanaciones compone la estructura del Pleroma, sirviendo como guías, guardianes y reveladores de la Gnosis. El estudio de estas entidades sagradas permite vislumbrar la magnitud de la creación divina y entender la jornada del espíritu en busca de la reintegración con la totalidad.

Al adentrarse en esta compleja red de emanaciones, el buscador gnóstico percibe que cada aspecto de lo divino encuentra reflejo dentro de sí. El Pleroma no es solo un reino distante de seres luminosos, sino también un mapa para la comprensión de la propia esencia humana. Así como las emanaciones divinas expresan facetas del Creador, cada alma contiene dentro de sí la chispa de esas cualidades y el potencial de despertar a su verdadera naturaleza. Al explorar las emanaciones del Pleroma, no solo ampliamos nuestro entendimiento de la cosmología gnóstica, sino que también encontramos claves para nuestra propia transformación espiritual. Cada Aeon, con su luz y sabiduría, nos invita a mirar hacia adentro, a reconocer nuestro origen divino y a recorrer el camino de vuelta a la Fuente, guiados por la Gnosis y por el anhelo de trascendencia.

El Pleroma, como ya exploramos, no es un espacio vacío u homogéneo, sino un reino dinámico y jerarquizado, poblado por innumerables emanaciones divinas, los Aeones, cada uno con sus cualidades, atributos y funciones específicas. Aunque Barbelo ocupe el lugar de primacía como la primera emanación, innumerables otros Aeones emergen de la Fuente Divina, contribuyendo a la complejidad y a la riqueza del Pleroma. Presentar algunos de estos Aeones y figuras importantes es esencial para comprender la vastedad de la cosmología gnóstica y la diversidad de manifestaciones de lo divino.

Presentación de Otros Aeones y Figuras Importantes del Pleroma (además de Barbelo):

Cristo (Logos): En muchas escuelas gnósticas, Cristo es considerado un Aeon importante, frecuentemente identificado con el Logos, la Palabra Divina, y con el Hijo Divino. Cristo es visto como un emisario del Pleroma enviado al mundo material para despertar a la humanidad adormecida y revelar el camino de la Gnosis y de la redención. Su función es auxiliar a las almas humanas a reconocer su origen divino y a retornar al reino de la luz.

Sophia (Sabiduría): Sophia, cuyo nombre significa "Sabiduría" en griego, es otra figura Aeon esencial en el gnosticismo, frecuentemente asociada a la pasión, al sufrimiento y a la búsqueda por la restauración. En algunas cosmologías gnósticas, la caída de Sophia del Pleroma, impulsada por un deseo de crear sin el permiso de la Fuente Divina, es el evento primordial que lleva a la creación del mundo material imperfecto. Sophia representa la Sabiduría Divina en su búsqueda por redención y reunificación con el Pleroma.

Set (Seth): Set, el tercer hijo de Adán y Eva en la tradición bíblica, es venerado en algunas escuelas gnósticas, especialmente en el setianismo, como una emanación divina y un ancestro espiritual del linaje gnóstico. Set es visto como un ser de luz que posee el conocimiento de la verdad y que transmite la Gnosis a sus descendientes espirituales. Su figura representa la continuidad del linaje divino en el mundo material y la promesa de la redención para aquellos que siguen el camino de la Gnosis.

El Cristo Luminoso (Jesús): En el gnosticismo, la figura de Jesucristo es reinterpretada y resignificada, distanciándose de la visión ortodoxa cristiana. Para los gnósticos, Jesús no es el Hijo unigénito de Dios encarnado en la carne, sino un emisario del Pleroma, un ser iluminado que manifestó el Cristo Cósmico (el Aeon Logos) y que vino al mundo para despertar la Gnosis en las almas humanas. El Cristo gnóstico es un maestro espiritual, un revelador de la verdad y un guía para el camino de la liberación.

El Espíritu Santo (Pneuma Hagion): El Espíritu Santo, en la perspectiva gnóstica, es comprendido como la fuerza divina que anima la creación, que inspira la Gnosis y que conduce a las almas en dirección al Pleroma. El Espíritu Santo no es una persona divina distinta de la Fuente Primordial, sino una manifestación de su energía y presencia en el universo. El Espíritu Santo es la fuerza que impulsa el despertar de la conciencia y la ascensión espiritual.

El Demiurgo (Yaldabaoth, Saklas, etc.): En contraste con los Aeones luminosos del Pleroma, el Demiurgo representa la fuerza creadora ignorante e imperfecta que generó el mundo material. El Demiurgo, muchas veces identificado con el Dios del Antiguo Testamento, es visto como una emanación inferior, ciega a la verdad del Pleroma y responsable por la creación de un mundo de ilusión, sufrimiento e ignorancia. Comprender la naturaleza del Demiurgo y su papel en la cosmología gnóstica es esencial para comprender la visión gnóstica sobre el origen del mal y la necesidad de la redención espiritual.

La vastedad y la complejidad de la cosmología gnóstica reflejan la búsqueda por comprender la naturaleza de lo divino y el origen del universo en su totalidad. La jerarquía de los Aeones, la dinámica entre el Pleroma y el mundo material, la interacción entre las fuerzas de la luz y de la oscuridad, son temas que desafían a nuestra mente racional y que nos invitan a la contemplación y a la intuición. La cosmología gnóstica no se presenta como un sistema dogmático e inflexible, sino como un mapa simbólico, una lengua arquetípica que busca expresar el misterio insondable de la realidad divina. Explorar la cosmología gnóstica implica sumergirse en un océano de símbolos, mitos y metáforas, permitiendo que nuestra mente se expanda más allá de las limitaciones del pensamiento lineal y se abra a la vastedad del universo espiritual.

La invitación al lector para continuar explorando los misterios del Pleroma y del universo gnóstico es un llamado a la aventura del alma, una jornada sin fin en busca de conocimiento, sabiduría y conexión con lo divino. Este libro ofreció apenas un vislumbre de la riqueza y de la profundidad del gnosticismo, y la exploración de Barbelo es solo un punto de partida para una investigación mucho más amplia. El universo gnóstico es vasto e inagotable, repleto de textos, símbolos, prácticas y enseñanzas que pueden enriquecer nuestra jornada espiritual y expandir nuestra conciencia de maneras inimaginables. La búsqueda gnóstica es una jornada personal y única para cada buscador, y la invitación es para que cada lector siga su propio camino, explorando los misterios del Pleroma con curiosidad, discernimiento y corazón abierto.

Sugerencias de Lecturas y Recursos para Profundizar el Estudio del Gnosticismo:

Para aquellos que desean continuar explorando el universo gnóstico y profundizar su conocimiento, sugerimos algunos recursos y lecturas que pueden ser valiosos:

Textos Gnósticos de Nag Hammadi: La lectura directa de los textos gnósticos de Nag Hammadi es fundamental para una comprensión auténtica y profunda del gnosticismo. Existen diversas traducciones disponibles, incluyendo ediciones académicas y traducciones más accesibles para el público general. Textos como el Apócrifo de Juan, el Evangelio de Tomás, el Evangelio de María Magdalena, el Evangelio de Felipe y el Libro Sagrado del Gran Espíritu Invisible son solo algunos ejemplos de la riqueza y diversidad de los textos gnósticos.

Libros Introductorios al Gnosticismo: Para aquellos que desean iniciar el estudio del gnosticismo, existen diversos libros introductorios que ofrecen una visión general de la historia, de la cosmología, de la teología y de las prácticas gnósticas. El libro "El Gnosticismo" de Kurt Rudolph, "En Busca de la Gnosis" de Ioan Couliano y "Gnosticismo: Una Introducción Histórica" de Nicola Denzey Lewis son ejemplos de obras introductorias relevantes y accesibles.

Estudios Académicos sobre Gnosticismo: Para un estudio más profundo y riguroso del gnosticismo, existen innumerables estudios académicos y artículos de investigación producidos por especialistas en gnosticismo y religiones antiguas. Revistas académicas especializadas, libros de colecciones de artículos y obras de referencia pueden ser encontrados en bibliotecas universitarias y plataformas online de investigación académica.

Websites y Comunidades Online sobre Gnosticismo: Internet ofrece una vasta gama de recursos online sobre gnosticismo, incluyendo websites, blogs, foros y comunidades virtuales dedicadas al estudio y a la práctica del gnosticismo. Es importante discernir las fuentes online, buscando websites y comunidades que se basen en fuentes académicas y en interpretaciones informadas del gnosticismo, evitando abordajes *New Age* superficiales o sensacionalistas.

Grupos de Estudio y Práctica Gnóstica: Participar de grupos de estudio o comunidades gnósticas presenciales o virtuales puede enriquecer la jornada de aprendizaje y ofrecer un espacio de intercambio, discusión y apoyo mutuo con otros buscadores. El intercambio de ideas, el compartir experiencias y la práctica conjunta pueden profundizar la comprensión y fortalecer la vivencia de la espiritualidad gnóstica.

    Explorar el Pleroma y los misterios del universo gnóstico es una jornada que se extiende por toda la vida, una aventura del alma que nos invita a trascender los límites de la mente y a abrir el corazón a la vastedad de lo divino. Que su jornada de exploración continúe siendo iluminada por la luz de la Gnosis y guiada por la sabiduría de Barbelo y del Pleroma. Que la búsqueda incesante por la verdad y por la luz lo conduzca a descubrimientos cada vez más profundos y transformadores. El universo gnóstico, en su infinita expansión, aguarda su exploración, repleto de misterios, desafíos e incontables bendiciones espirituales. Siga adelante con coraje, curiosidad y la certeza de que la jornada en sí es la mayor recompensa.

Capítulo 29
Retornando a la Fuente

El retorno a la Fuente no es un simple movimiento de llegada a un destino final, sino un viaje cíclico y continuo, en el cual el buscador redescubre, a cada paso, la conexión profunda entre su esencia y la plenitud divina. Dentro de la tradición gnóstica, este viaje no es solo una búsqueda por conocimiento intelectual, sino un proceso vivo de transformación interior, un despertar progresivo de la conciencia que conduce al alma de vuelta a su estado original de unidad con lo divino. Barbelo, como la Primera Emanación, simboliza este elo primordial entre el Creador y la creación, representando la luz que guía al espíritu a lo largo de esta travesía. Sin embargo, el viaje no se encierra en la contemplación de esta emanación suprema; por el contrario, se extiende más allá de la comprensión conceptual, invitando a cada buscador a integrar esta sabiduría en su propia existencia, tornándose un reflejo vivo de la luz que un día pareció perdida, pero que siempre habitó en su ser.

A lo largo de esta búsqueda por el retorno a la Fuente, el desafío no reside solamente en la obtención de la Gnosis, sino en su incorporación a la vida cotidiana. El verdadero despertar no ocurre solo en los momentos de contemplación o estudio, sino en la manera como cada individuo expresa su luz interior en el mundo. La práctica gnóstica enseña que el retorno al Pleroma no es una fuga de la realidad material, sino una reconfiguración de la percepción, un cambio profundo en la mirada que permite ver la presencia de lo divino en todas las cosas. Vivir esta sabiduría implica transformar cada experiencia en un aprendizaje, cada interacción en una oportunidad de expandir la conciencia y cada obstáculo en una oportunidad de pulir el alma. El camino gnóstico, por lo tanto, no se define solo por el conocimiento adquirido, sino por la forma como este conocimiento se manifiesta en el día a día, en elecciones, acciones y relaciones que reflejan la luz del despertar.

De esta forma, el viaje de retorno a la Fuente es, en su esencia, un recomienzo perpetuo. Cada paso dado rumbo a la iluminación revela nuevos misterios, cada capa desvelada de la realidad abre camino para comprensiones aún más profundas. El llamado de Barbelo, de la Madre Suprema y del Pleroma, no es una invitación para un fin definitivo, sino para un movimiento continuo de expansión y ascensión espiritual. Que esta búsqueda no se encierre con las páginas de este libro, sino que se perpetúe como un compromiso personal con el despertar, guiando a cada buscador a vivir plenamente su conexión con lo divino, trayendo la luz del Pleroma para la experiencia terrena y permitiendo que la Gnosis florezca en cada aspecto de la existencia.

Sumarizar los principales temas y aprendizajes del libro es esencial para consolidar el conocimiento adquirido y reforzar los mensajes centrales que permean toda nuestra exploración. A lo largo de los capítulos, navegamos por la historia y las características del gnosticismo, exploramos la cosmología gnóstica y la jerarquía de los Aeones, nos sumergimos en el misterio de Barbelo como la Primera Emanación y el arquetipo de lo Divino Femenino, comprendimos la importancia de la luz divina como la esencia de la realidad espiritual, y desvelamos prácticas para la conexión, superación de obstáculos e integración de la sabiduría gnóstica en el día a día. Recordar estos temas principales permite internalizar las enseñanzas, fortalecer nuestra comprensión e inspirar la continuidad de la práctica espiritual.

Reafirmamos la importancia de la conexión con Barbelo, la Madre Suprema y la luz divina como el corazón palpitante del viaje gnóstico. Barbelo, como la primera manifestación de la Fuente Divina y el arquetipo de lo Divino Femenino, emerge como un guía luminoso, un puente entre lo humano y lo divino, un modelo para el alma despierta. La Madre Suprema, como la Fuente primordial de la cual todo emana, representa el principio femenino divino en su totalidad, la matriz cósmica y la fuente de amor incondicional. La luz divina, como la esencia de la realidad espiritual, constituye el camino de retorno al Pleroma, la fuerza transformadora que ilumina la conciencia, cura las heridas y despierta nuestro potencial divino. Cultivar la conexión con Barbelo, la Madre Suprema y la luz divina no es solo una práctica espiritual, sino un camino para la plenitud, para la sabiduría y para el amor que nutre el alma y transforma la vida.

El mensaje final que deseamos transmitir es un mensaje de esperanza, inspiración y ánimo para cada lector en su viaje espiritual único y personal. El camino gnóstico no es un camino fácil o lineal, pero es un camino de profunda belleza, repleto de recompensas espirituales y transformadoras. La búsqueda por la Gnosis, el anhelo por el despertar de la conciencia y el deseo de retorno a la Fuente son impulsos nobles y auténticos del alma humana. Creemos en el potencial de cada individuo para despertar su luz interior, para conectarse con lo divino y para vivenciar la plenitud de su naturaleza espiritual. Que este libro haya servido como un faro, iluminando los primeros pasos de su viaje y ofreciendo un mapa inicial para la exploración del vasto y misterioso territorio del gnosticismo.

Invitamos ahora al lector a continuar practicando, explorando y viviendo la sabiduría gnóstica en su vida cotidiana. La práctica espiritual no se limita a los momentos formales de meditación o ritual, sino que se extiende a todas las áreas de nuestra existencia. Vivir la sabiduría gnóstica implica cultivar la atención plena, la compasión, la verdad y el servicio al prójimo en todas nuestras acciones y relaciones. Implica buscar el conocimiento que libera, en expandir nuestra percepción de la realidad y en despertar la intuición como guía interior. Implica honrar lo Divino Femenino en nosotros mismos y en el mundo, reconociendo la importancia del equilibrio, de la armonía y de la integración de los principios femenino y masculino. El viaje gnóstico es un viaje para ser vivido en su totalidad, con coraje, curiosidad y alegría, en cada momento del presente, en cada paso del camino.

Que la luz de Barbelo continúe iluminando su camino, revelando los misterios del Pleroma y guiándolo en dirección a la Gnosis. Que el amor de la Madre Suprema lo envuelva y lo sustente, nutriendo su alma y fortaleciendo su perseverancia. Que la paz del Pleroma lo acompañe siempre, irradiándose desde su interior para el mundo exterior. Que el viaje de retorno a la Fuente se manifieste en su vida como un despertar continuo de la luz interior, una expansión de la conciencia y una vivencia de la plenitud divina en cada respiración, en cada latido del corazón, en cada paso de la Jornada Continua.

Epílogo

El viaje espiritual, como se ha explorado a lo largo de estas páginas, no es un camino lineal, ni un destino fijo a ser alcanzado. Es una espiral ascendente, un proceso continuo de despertar, expansión y reintegración a la luz primordial. El alma que osa recorrer este camino descubre que cada respuesta alcanzada abre nuevas preguntas, cada iluminación revela nuevos misterios, y cada paso en dirección a la verdad trae consigo un llamado aún más profundo para seguir adelante.

La figura de Barbelo, la Primera Emanación, nos acompaña a lo largo de este recorrido. Ella no es solo un símbolo, sino un faro, un elo vivo entre lo humano y lo divino. Representa la sabiduría, la totalidad y la plenitud de la Fuente Suprema, sirviendo como guía para aquellos que sienten el anhelo por el retorno al Pleroma. Su luz nos recuerda que no estamos aislados en nuestra búsqueda; que hay un camino a ser recorrido y una verdad oculta esperando para ser desvelada dentro de cada ser despierto.

A lo largo de esta obra, nos adentramos en los recovecos de la tradición gnóstica, exploramos su cosmología y desvelamos los misterios de lo Divino Femenino, representado en Barbelo como la matriz cósmica de la creación. Aprendimos que la Gnosis no es un conocimiento intelectual, sino una experiencia transformadora, una revelación que resuena en la esencia más profunda del alma. Conocer es tornarse, comprender es integrar, despertar es recordar quiénes realmente somos.

Sin embargo, comprender la Gnosis y reconocer la chispa divina dentro de sí no es suficiente. El verdadero desafío está en la integración de esta sabiduría al cotidiano. ¿De qué vale alcanzar vislumbres de la verdad si continuamos viviendo presos en las ilusiones del mundo material? El llamado de la Gnosis no es una invitación a la fuga, sino a la transmutación de la existencia terrena. Cada pensamiento, cada elección, cada acción puede tornarse un reflejo de la luz del Pleroma, una expresión de la esencia divina que habita en nosotros.

Vivir espiritualmente es transformar la propia realidad. Es ver lo sagrado en lo ordinario, es reconocer lo divino en el flujo de la vida, es transmutar las sombras en conciencia. El camino de la ascensión no se da en una realidad paralela o en un futuro distante – ocurre ahora, en el presente, en el simple acto de estar despierto y consciente. Cada ser humano es un portal para el Pleroma, un espejo de la luz divina, y el viaje espiritual consiste en limpiar este espejo, en remover las capas de olvido que obscurecen la verdadera esencia.

Así, este libro no se encierra aquí. Las palabras fueron solo un puente, una invitación al viaje que cada buscador debe recorrer por sí mismo. Las páginas escritas pueden ser leídas y releídas, pero la verdadera comprensión no vendrá de la repetición del texto, sino de la experiencia directa de la Gnosis. Este es solo el comienzo, un llamado a la profundización, a la práctica, a la incorporación de la luz y de la sabiduría en cada respiración, en cada pensamiento y en cada elección.

Que Barbelo, la Madre Suprema, continúe guiando su viaje. Que su luz ilumine los pasos de aquellos que buscan la verdad. Que la Gnosis florezca dentro de usted y que su despertar se expanda más allá de las fronteras de la ilusión.

El retorno a la Fuente no es un fin – es un renacimiento perpetuo, un ciclo eterno de ascensión y revelación. La búsqueda por la verdad no se encierra con este libro, sino que se perpetúa en su conciencia, en su práctica y en su transformación.

El viaje continúa.

www.ingramcontent.com/pod-product-compliance
Lightning Source LLC
LaVergne TN
LVHW040051080526
838202LV00045B/3579